Couvertures supérieure et inférieure manquantes

LE

JARDIN D'EPICURE

CALMANN LÉVY, ÉDITEUR

DU MÊME AUTEUR

Format grand in-18

BALTHASAR . . . . 1 vol.
LE CRIME DE SYLVESTRE BONNARD (*Ouvrage couronné par l'Académie française*). . . . . 1 —
L'ÉTUI DE NACRE . . . . 1 —
JOCASTE ET LE CHAT MAIGRE. . . . . 1 —
LE LIVRE DE MON AMI. . . . . 1 —
LE LYS ROUGE. . . . . 1 —
LES OPINIONS DE M. JÉRÔME COIGNARD. . . . . 1 —
LA RÔTISSERIE DE LA REINE PÉDAUQUE . . . . 1 —
THAÏS. . . . . 1 —
LA VIE LITTÉRAIRE . . . . 4 —

Droits de traduction et de reproduction réservés pour tous les pays,
y compris la Suède et la Norvège.

LE
JARDIN D'ÉPICURE

PAR

ANATOLE FRANCE

SIXIÈME ÉDITION

PARIS
CALMANN LÉVY, ÉDITEUR
ANCIENNE MAISON MICHEL LÉVY FRÈRES
3, RUE AUBER, 3
—
1895

*Cecropius suaves cœspirans hortulus auras
Florentis viridi Sophiae complectitur umbra.*

CIRIS.

Que n'avons-nous connu vos caresses légères,
O souffles embaumés de l'antique jardin,
O brises de Cécrops, divines messagères,
Vous qui tentiez jadis le poète latin !
. . . .

C'est de là que nos yeux, dans un calme sourire,
Auraient pu voir au loin les erreurs des mortels,
L'ambition, l'amour égaux en leur délire,
Et l'inutile encens brûlé sur les autels.

LA LAMPE D'ARGILE, par FRÉDÉRIC PLESSIS.

Καὶ χαλεπωτάτων δὲ καιρῶν κατασχόντων τηνικαῦτα τὴν Ἑλλάδα, αὐτόθι καταβιῶναι, δὶς ἢ καὶ τρὶς ἐπὶ τοὺς περὶ τὴν Ἰωνίαν τόπους διαδραμόντα πρὸς τοὺς φίλους, οἳ καὶ πανταχόθεν πρὸς αὐτὸν ἀφικνοῦντο, καὶ συνεβίουν αὐτῷ ἐν τῷ κήπῳ, καθά φησι καὶ Ἀπολλόδωρος· ὃν καὶ ὀγδοήκοντα μνῶν πρίασθαι.

DIOGENIS LAERTII de Vitis philosophorum, lib. X, cap. 1.)

Il acheta un beau jardin qu'il cultivoit lui-même. C'est là où il établit son école; il menoit une vie douce et agréable avec ses disciples qu'il enseignoit en se promenant et en travaillant.... Il étoit doux et affable à tout le monde.... Il croyoit qu'il n'y a rien de plus noble que de s'appliquer à la philosophie.

(*Abrégé de la vie des plus illustres philosophes de l'antiquité, ouvrage destiné à l'éducation de la jeunesse, par* FÉNELON.)

LE JARDIN D'ÉPICURE

Nous avons peine à nous figurer l'état d'esprit d'un homme d'autrefois qui croyait fermement que la terre était le centre du monde et que tous les astres tournaient autour d'elle. Il sentait sous ses pieds s'agiter les damnés dans les flammes, et peut-être avait-il vu de ses yeux et senti par ses narines la fumée sulfureuse de l'enfer, s'échappant par quelque fissure de rocher. En levant la tête, il contemplait les douze sphères, celle des éléments, qui renferme l'air et le feu, puis les sphères de la Lune, de Mercure, de Vénus, que visita Dante, le vendredi saint de l'année 1300, puis celles du Soleil, de Mars, de Jupiter et de Saturne, puis le firmament incorruptible auquel les étoiles étaient suspendues comme des lampes. La pensée prolongeant cette contemplation, il découvrait par delà, avec les yeux de l'esprit, le neuvième ciel où des saints furent ravis, le *primum mobile* ou cristallin, et enfin l'Empyrée, séjour des bienheureux vers lequel, après la mort, deux anges vêtus de blanc (il en avait la ferme espérance) porteraient comme un petit enfant son âme lavée par le baptême et parfumée par l'huile des derniers sacrements. En ce temps-là,

Dieu n'avait pas d'autres enfants que les hommes, et toute sa création était aménagée d'une façon à la fois puérile et poétique, comme une immense cathédrale. Ainsi conçu, l'univers était si simple, qu'on le représentait au complet, avec sa vraie figure et son mouvement, dans certaines grandes horloges machinées et peintes.

C'en est fait des douze cieux et des planètes sous lesquelles on naissait heureux ou malheureux, jovial ou saturnien. La voûte solide du firmament est brisée. Notre œil et notre pensée se plongent dans les abîmes infinis du ciel. Au delà des planètes, nous découvrons, non plus l'Empyrée des élus et des anges, mais cent millions de soleils roulant, escortés de leur cortège d'obscurs satellites, invisibles pour nous. Au milieu de cette infinité de mondes, notre soleil à nous n'est qu'une bulle de gaz et la terre une goutte de boue. Notre imagination s'irrite et s'étonne quand on nous dit que le rayon lumineux qui nous vient de l'étoile polaire était en chemin depuis un demi-siècle et que pourtant cette belle étoile est notre voisine et qu'elle est, avec Sirius et Arcturus, une des plus proches sœurs de notre soleil. Il est des étoiles que nous voyons encore dans le champ du télescope et qui sont peut-être éteintes depuis trois mille ans.

Les mondes meurent, puisqu'ils naissent. Il en naît, il en meurt sans cesse. Et la création, toujours imparfaite, se poursuit dans d'incessantes métamorphoses. Les étoiles s'éteignent sans que nous puissions dire si ces filles de lumière, en mourant ainsi, ne commencent point comme planètes une existence féconde, et si les planètes elles-mêmes ne se dissolvent pas pour redevenir des étoiles. Nous savons seulement qu'il n'est pas plus de repos dans les espaces célestes que sur la terre, et que la loi du travail et de l'effort régit l'infinité des mondes.

Il y a des étoiles qui se sont éteintes sous nos yeux, d'autres vacillent comme la flamme mourante d'une bougie. Les cieux, qu'on croyait incorruptibles, ne connaissent d'éternel que l'éternel écoulement des choses.

Que la vie organique soit répandue

dans tous les univers, c'est ce dont il est difficile de douter, à moins pourtant que la vie organique ne soit qu'un accident, un malheureux hasard, survenu déplorablement dans la goutte de boue où nous sommes.

Mais on croira plutôt que la vie s'est produite sur les planètes de notre système, sœurs de la terre et filles comme elle du soleil, et qu'elle s'y est produite dans des conditions assez analogues à celles dans lesquelles elle se manifeste ici, sous les formes animale et végétale. Un bolide nous est venu du ciel, contenant du carbone. Pour nous convaincre avec plus de grâce, il faudrait que les anges, qui apportèrent à sainte Dorothée des fleurs du Paradis, revinssent avec leurs célestes guirlandes. Mars selon toute apparence est habitable pour des espèces d'êtres comparables aux animaux et aux plantes terrestres. Il est probable qu'étant habitable, il est habité. Tenez pour assuré qu'on s'y entre-dévore à l'heure qu'il est.

L'unité de composition des étoiles est maintenant établie par l'analyse spectrale. C'est pourquoi il faut penser que les causes qui ont fait sortir la vie de notre nébuleuse l'engendrent dans toutes les autres. Quand nous disons la vie, nous entendons l'activité de la substance organisée, dans les conditions où nous voyons qu'elle se manifeste sur la terre. Mais il se peut que la vie se produise aussi dans des milieux différents, à des températures très hautes ou très basses, sous des formes inconcevables. Il se peut même qu'elle se produise sous une forme éthérée, tout près de nous, dans notre atmosphère, et que nous soyons ainsi entourés d'anges, que nous ne pourrons jamais connaître, parce que la connaissance suppose un rapport, et que d'eux à nous il ne saurait en exister aucun.

Il se peut aussi que ces millions de soleils, joints à des milliards que nous ne voyons pas, ne forment tous ensemble qu'un globule de sang ou de lymphe dans le corps d'un animal, d'un insecte imperceptible, éclos dans un monde dont nous ne pouvons concevoir la grandeur et qui pourtant ne serait lui-même, en proportion de tel autre monde, qu'un grain de poussière. Il n'est pas absurde non plus de supposer que des siècles de pensée et d'intelligence vivent et meurent devant nous en une minute dans un atome. Les choses en elles-mêmes ne sont ni grandes ni petites, et quand nous trouvons que l'univers est vaste, c'est là une idée tout humaine. S'il était tout à coup réduit à la dimension d'une noisette, toutes choses gardant leurs proportions, nous ne pourrions nous apercevoir en rien de ce changement. La polaire, renfermée avec nous dans la noisette, mettrait, comme par le passé, cinquante ans à nous envoyer sa lumière. Et la terre, devenue moins qu'un atome, serait arrosée de la même quantité de larmes et de sang qui l'abreuve aujourd'hui.

Ce qui est admirable, ce n'est pas que le champ des étoiles soit si vaste, c'est que l'homme l'ait mesuré.

※

Le christianisme a beaucoup fait pour l'amour en en faisant un péché. Il exclut la femme du sacerdoce. Il la redoute. Il montre combien elle est dangereuse. Il répète avec l'*Ecclésiaste :* « Les bras de la femme sont semblables aux filets des chasseurs, *laqueus venatorum* » Il nous avertit de ne point mettre notre espoir en elle : « Ne vous appuyez point sur un roseau qu'agite le vent, et n'y mettez pas votre confiance, car toute chair est comme l'herbe, et sa gloire passe comme la fleur des champs. » Il craint les ruses de celle qui perdit le genre humain : « Toute malice est petite, comparée à la malice de la femme. *Brevis omnis malitia super malitiam mulieris* ». Mais, par la crainte qu'il en fait paraître, il la rend puissante et redoutable.

Pour comprendre tout le sens de ces maximes, il faut avoir fréquenté les mystiques. Il faut avoir coulé son enfance dans une atmosphère religieuse. Il faut avoir suivi les retraites, observé les pratiques du culte. Il faut avoir lu, à douze ans, ces petits livres édifiants qui ouvrent le monde surnaturel aux âmes naïves. Il faut avoir su l'histoire de saint François de Borgia contemplant le cercueil ouvert de la reine Isabelle, ou l'apparition de l'abbesse de Vermont à ses filles. Cette abbesse était morte en odeur de sainteté et les religieuses qui avaient partagé ses travaux angéliques, la croyant au ciel, l'invoquaient dans leurs oraisons. Mais elle leur apparut un jour, pâle, avec des flammes attachées à sa robe : « Priez pour moi, leur dit-elle. Du temps que j'étais vivante, joignant un jour mes mains pour la prière, je songeai qu'elles étaient belles. Aujourd'hui, j'expie cette mauvaise pensée dans les tourments du purgatoire. Reconnaissez, mes filles, l'adorable bonté de Dieu, et priez pour moi. » Il y a dans ces minces ouvrages de théologie enfantine mille contes de cette sorte qui donnent trop de prix à la pureté pour ne pas rendre en même temps la volupté infiniment précieuse.

En considération de leur beauté, l'Église fit d'Aspasie, de Laïs et de Cléopâtre des démons, des dames de l'enfer. Quelle gloire! Une sainte même n'y serait pas insensible. La femme la plus modeste et la plus austère, qui ne veut ôter le repos à aucun homme, voudrait pouvoir l'ôter à tous les hommes. Son orgueil s'accommode des précautions que l'Église prend contre elle. Quand le pauvre saint Antoine lui crie : « Va-t'en, bête! » cet effroi la flatte. Elle est ravie d'être plus dangereuse qu'elle ne l'eût soupçonné.

Mais ne vous flattez point, mes sœurs; vous n'avez pas paru en ce monde parfaites et armées. Vous fûtes humbles à votre origine. Vos aïeules du temps du mammouth et du grand ours ne pouvaient point sur les chasseurs des cavernes ce que vous pouvez sur nous. Vous étiez utiles alors, vous étiez nécessaires ; vous n'étiez pas invincibles. A dire vrai, dans ces vieux âges, et pour longtemps encore, il vous manquait le charme. Alors vous ressembliez aux hommes et les hommes ressemblaient aux bêtes. Pour faire de vous la terrible merveille que vous êtes aujourd'hui, pour devenir la cause indifférente et souveraine des sacrifices et des crimes, il vous a fallu deux choses : la civilisation qui vous donna des voiles et la religion qui nous donna des scrupules. Depuis lors, c'est parfait : vous êtes un secret et vous êtes un péché. On rêve de vous et l'on se damne pour vous. Vous inspirez le désir et la peur; la folie d'amour est entrée dans le monde. C'est un infaillible instinct qui vous incline à la piété. Vous avez bien raison d'aimer le christianisme. Il a décuplé votre puissance. Connaissez-vous saint Jérôme? A Rome et en Asie, vous lui fîtes une telle peur qu'il alla vous fuir dans un affreux désert. Là, nourri de racines crues et si brûlé par le soleil qu'il n'avait plus qu'une peau noire et collée aux os, il vous retrouvait encore. Sa solitude était pleine de vos images, plus belles encore que vous-mêmes.

Car c'est une vérité trop éprouvée des ascètes que les rêves que vous donnez sont plus séduisants, s'il est possible, que les réalités que vous pouvez offrir. Jérôme repoussait avec une égale horreur votre souvenir et votre présence. Mais il se livrait en vain aux jeûnes et aux prières; vous emplissiez d'illusions sa vie dont il vous avait chassées. Voilà la puissance de la femme sur un saint. Je doute qu'elle soit aussi grande sur un habitué du Moulin-Rouge. Prenez garde qu'un peu de votre pouvoir ne s'en aille avec la foi et que vous ne perdiez quelque chose à ne plus être un péché.

Franchement, je ne crois pas que le rationalisme soit bon pour vous. A votre place, je n'aimerais guère les physiologistes qui sont indiscrets, qui vous expliquent beaucoup trop, qui disent que vous êtes malades quand nous vous croyons inspirées et qui appellent prédominance des mouvements réflexes votre faculté sublime d'aimer et de souffrir. Ce n'est point de ce ton qu'on parle de vous dans la Légende dorée : on vous y nomme blanche colombe, lis de pureté, rose d'amour. Cela est plus agréable que d'être appelée hystérique, hallucinée et cataleptique, comme on vous appelle journellement depuis que la science a triomphé.

Enfin si j'étais de vous, j'aurais en aversion tous les émancipateurs qui veulent faire de vous les égales de l'homme. Ils vous poussent à déchoir. La belle affaire pour vous d'égaler un avocat ou un pharmacien ! Prenez garde : déjà vous avez dépouillé quelques parcelles de votre mystère et de votre charme. Tout n'est pas perdu : on se bat, on se ruine, on se suicide encore pour vous; mais les jeunes gens assis dans les tramways vous laissent debout sur la plate-forme. Votre culte se meurt avec les vieux cultes.

*
* *

Les joueurs jouent comme les amoureux aiment, comme les ivrognes boivent, nécessairement, aveuglément, sous l'empire d'une force irrésistible. Il est des êtres voués au jeu, comme il est des êtres voués à l'amour. Qui donc a inventé l'histoire de ces deux matelots possédés de la fureur du jeu? Ils firent naufrage et n'échappèrent à la mort, après les plus terribles aventures, qu'en sautant sur le dos d'une baleine. Aussitôt qu'ils y furent, ils tirèrent de leur poche leurs dés et leurs cornets et se mirent à jouer. Voilà une histoire plus vraie que la vérité. Chaque joueur est un de ces matelots-là. Et certes, il y a dans le jeu quelque chose qui remue terriblement toutes les fibres des audacieux. Ce n'est pas une volupté médiocre que de tenter le sort. Ce n'est pas un plaisir sans ivresse que de goûter en une seconde des mois, des années, toute une vie de crainte et d'espérance. Je n'avais pas dix ans quand M. Grépinet, mon professeur de neuvième, nous lut en classe la fable de l'*Homme et le Génie*. Pourtant je me la rappelle mieux que si je l'avais entendue hier. Un génie donne à un enfant un peloton de fil et lui dit : « Ce fil est celui de tes jours. Prends-le.

Quand tu voudras que le temps s'écoule pour toi, tire le fil : tes jours se passeront rapides ou lents selon que tu auras dévidé le peloton vite ou longuement. Tant que tu ne toucheras pas au fil, tu resteras à la même heure de ton existence. » L'enfant prit le fil ; il le tira d'abord pour devenir un homme, puis pour épouser la fiancée qu'il aimait, puis pour voir grandir ses enfants, pour atteindre les emplois, le gain, les honneurs, pour franchir les soucis, éviter les chagrins, les maladies venues avec l'âge, enfin, hélas ! pour achever une vieillesse importune. Il avait vécu quatre mois et six jours depuis la visite du génie.

Eh bien ! le jeu, qu'est-ce donc sinon l'art d'amener en une seconde les changements que la destinée ne produit d'ordinaire qu'en beaucoup d'heures et même en beaucoup d'années, l'art de ramasser en un seul instant les émotions éparses dans la lente existence des autres hommes, le secret de vivre toute une vie en quelques minutes, enfin le peloton de fil du génie? Le jeu, c'est un corps-à-corps avec le destin. C'est le combat de Jacob avec l'ange, c'est le pacte du docteur Faust avec le diable. On joue de l'argent, — de l'argent, c'est-à-dire la possibilité immédiate, infinie. Peut-être la carte qu'on va retourner, la bille qui court donnera au joueur des parcs et des jardins, des champs et de vastes bois, des châteaux élevant dans le ciel leurs tourelles pointues. Oui, cette petite bille qui roule contient en elle des hectares de bonne terre et des toits d'ardoise dont les cheminées sculptées se reflètent dans la Loire ; elle renferme les trésors de l'art, les merveilles du goût, des bijoux prodigieux, les plus beaux corps du monde, des âmes, même, qu'on ne croyait pas vénales, toutes les décorations, tous les honneurs, toute la grâce et toute la puissance de la terre. Que dis-je ? elle renferme mieux que cela ; elle en renferme le rêve. Et vous voulez qu'on ne joue pas ? Si encore le jeu ne faisait que donner des espérances infinies, s'il ne montrait que le sourire de ses yeux verts on l'aimerait avec moins de rage. Mais il a des ongles de diamant, il est terrible, il donne, quand il lui plaît, la misère et la honte; c'est pourquoi on l'adore.

L'attrait du danger est au fond de toutes les grandes passions. Il n'y a pas de volupté sans vertige. Le plaisir mêlé de peur enivre. Et quoi de plus terrible que le jeu? Il donne, il prend; ses raisons ne sont point nos raisons. Il est muet, aveugle et sourd. Il peut tout. C'est un dieu.

C'est un dieu. Il a ses dévots et ses saints qui l'aiment pour lui-même, non pour ce qu'il promet, et qui l'adorent quand il les frappe. S'il les dépouille cruellement, ils en imputent la faute à eux-mêmes, non à lui :

« J'ai mal joué », disent-ils.

Ils s'accusent et ne blasphèment pas.

***

L'espèce humaine n'est pas susceptible d'un progrès indéfini. Il a fallu pour qu'elle se développât que la terre fût dans de certaines conditions physiques et chimiques qui ne sont point stables. Il fut un temps où notre planète ne convenait pas à l'homme : elle était trop chaude et trop humide. Il viendra un temps où elle ne lui conviendra plus : elle sera trop froide et trop sèche. Quand le soleil s'éteindra, ce qui ne peut manquer, les hommes auront disparu depuis longtemps. Les derniers seront aussi dénués et stupides qu'étaient les premiers.

Ils auront oublié tous les arts et toutes les sciences. Ils s'étendront misérablement dans des cavernes, au bord des glaciers qui rouleront alors leurs blocs transparents sur les ruines effacées des villes où maintenant on pense, on aime, on souffre, on espère. Tous les ormes, tous les tilleuls seront morts de froid ; et les sapins régneront seuls sur la terre glacée. Ces derniers hommes, désespérés sans même le savoir, ne connaîtront rien de nous, rien de notre génie, rien de notre amour, et pourtant ils seront nos enfants nouveau-nés et le sang de notre sang. Un faible reste de royale intelligence, hésitant dans leur crâne épaissi, leur conservera quelque temps encore l'empire sur les ours multipliés autour de leurs cavernes. Peuples et tribus auront disparu sous la neige et les glaces, avec les villes, les routes, les jardins du vieux monde. Quelques familles à peine subsisteront. Femmes, enfants, vieillards, engourdis pêle-mêle, verront par les fentes de leurs cavernes monter tristement sur leur tête un soleil sombre où, comme sur un tison qui s'éteint, courront des lueurs fauves, tandis qu'une neige éblouissante d'étoiles continuera de briller tout le jour dans le ciel noir, à travers l'air glacial. Voilà ce qu'ils verront; mais, dans leur stupidité, ils ne sauront même pas qu'ils voient quelque chose. Un jour, le dernier d'entre eux exhalera sans haine et sans amour dans le ciel ennemi le dernier souffle humain.

Et la terre continuera de rouler, emportant à travers les espaces silencieux les cendres de l'humanité, les poèmes d'Homère et les augustes débris des marbres grecs, attachés à ses flancs glacés. Et aucune pensée ne s'élancera plus vers l'infini, du sein de ce globe où l'âme a tant osé, au moins aucune pensée d'homme. Car qui peut dire si alors une autre pensée ne prendra pas conscience d'elle-même et si ce tombeau où nous dormirons tous ne sera pas le berceau d'une âme nouvelle ? De quelle âme, je ne sais. De l'âme de l'insecte, peut-être.

A côté de l'homme, malgré l'homme, les insectes, les abeilles, par exemple, et les fourmis ont déjà fait des merveilles. Il est vrai que les fourmis et les abeilles veulent comme nous de la lumière et de la chaleur. Mais il y a des invertébrés moins frileux. Qui connaît l'avenir réservé à leur travail et à leur patience ?

Qui sait si la terre ne deviendra pas bonne pour eux quand elle aura cessé de l'être pour nous ? Qui sait s'ils ne prendront pas un jour conscience d'eux et du monde ? Qui sait si à leur tour ils ne loueront pas Dieu ?

A Lucien Muhlfeld.

Nous ne pouvons nous représenter avec exactitude ce qui n'existe plus. Ce que nous appelons la couleur locale est une rêverie. Quand on voit qu'un peintre a toutes les peines du monde à reproduire d'une manière à peu près vraisemblable une scène du temps de Louis-Philippe, on désespère qu'il nous rende jamais la moindre idée d'un événement contemporain de saint Louis ou d'Auguste. Nous nous donnons bien du mal pour copier de vieilles armes et de vieux coffres. Les artistes d'autrefois ne s'embarrassaient point de cette vaine exactitude. Ils prêtaient aux héros de la légende ou de l'histoire le costume et la figure de leurs contemporains. Ainsi nous peignirent-ils naturellement leur âme et leur siècle. Un artiste peut-il mieux faire? Chacun de leurs personnages était quelqu'un d'entre eux. Ces personnages, animés de leur vie et de leur pensée, restent à jamais touchants. Ils portent à l'avenir témoignage de sentiments éprouvés et d'émotion véritables. Des peintures archéologiques ne témoignent que de la richesse de nos musées.

Si vous voulez goûter l'art vrai et ressentir devant un tableau une impression large et profonde, regardez les fresques de Ghirlandajo, à Santa-Maria-Novella de Florence, la *Naissance de la Vierge*. Le vieux peintre nous montre la chambre de l'accouchée. Anne, soulevée sur son lit, n'est ni belle ni jeune; mais on voit tout de suite que c'est une bonne ménagère. Elle a rangé au chevet de son lit un pot de confitures et deux grenades. Une servante, debout à la ruelle, lui présente un vase sur un plateau. On vient de laver l'enfant, et le bassin de cuivre est encore au milieu de la chambre. Maintenant la petite Marie boit le lait d'une belle nourrice. C'est une dame de la ville, une jeune mère qui a voulu gracieusement offrir le sein à l'enfant de son amie, afin que cet enfant et le sien, ayant bu la vie aux mêmes sources, en gardent le même goût et, par la force de leur sang, s'aiment fraternellement. Près d'elle, une jeune femme qui lui ressemble, ou plutôt une jeune fille, sa sœur peut-être, richement vêtue, le front découvert et portant des nattes sur les tempes comme Émilia Pia, étend les deux bras vers le petit enfant, avec un geste charmant où se trahit l'éveil de l'instinct maternel. Deux nobles visiteuses, habillées à la mode de Florence, entrent dans la chambre. Elles sont suivies d'une servante qui porte sur la tête des pastèques et des raisins, et cette figure d'une ample beauté, drapée à l'antique, ceinte d'une écharpe flottante, apparaît dans cette scène domestique et pieuse comme je ne sais quel rêve païen. Eh bien ! dans cette chambre tiède, sur ces doux visages de femme, je vois toute la belle vie florentine et la fleur de la première Renaissance. Le fils de l'orfèvre, le maître des premières heures, a dans sa peinture, claire comme l'aube d'un jour d'été, révélé tout le secret de cet âge courtois dans lequel il eut le bonheur de vivre et dont le charme était si grand que ses contemporains eux-mêmes s'écriaient : « Dieux bons ! le bienheureux siècle ! »

L'artiste doit aimer la vie et nous montrer qu'elle est belle. Sans lui, nous en douterions.

*
* *

L'ignorance est la condition nécessaire, je ne dis pas du bonheur, mais de l'existence même. Si nous savions tout, nous ne pourrions pas supporter la vie une heure. Les sentiments qui nous la rendent ou douce, ou du moins tolérable, naissent d'un mensonge et se nourrissent d'illusions.

Si possédant, comme Dieu, la vérité, l'unique vérité, un homme la laissait tomber de ses mains, le monde en serait anéanti sur le coup et l'univers se dissiperait aussitôt comme une ombre. La vérité divine, ainsi qu'un jugement dernier, le réduirait en poudre.

***

Au vrai jaloux, tout porte ombrage, tout est sujet d'inquiétude. Une femme le trahit déjà seulement parce qu'elle vit et qu'elle respire. Il redoute ces travaux de la vie intérieure, ces mouvements divers de la chair et de l'âme qui font de cette femme une créature distincte de lui-même, indépendante, instinctive, douteuse et parfois inconcevable. Il souffre de ce qu'elle fleurit d'elle-même comme une belle plante, sans qu'aucune puissance d'amour puisse retenir et prendre tout ce qu'elle répand au monde de parfum dans ce moment agité qui est la jeunesse et la vie. Au fond, il ne lui reproche rien, sinon qu'*elle est*. C'est là ce qu'il ne saurait supporter paisiblement. Elle est, elle vit, elle est belle, elle songe. Quel sujet d'inquiétude mortelle! Il veut toute cette chair. Il la veut plus et mieux que n'a permis la nature, et toute.

La femme n'a pas cette imagination. Le plus souvent, ce qu'on prend chez elle pour de la jalousie, c'est la rivalité. Mais, quant à cette torture des sens, à cette hantise des apparitions odieuses, à cette fureur imbécile et lamentable, à cette rage physique, elle ne la connaît point ou ne la connaît guère. Son sentiment, dans ce cas, est moins précis que le nôtre. Une sorte d'imagination n'est pas très développée en elle, même dans l'amour, et dans l'amour sensuel : c'est l'imagination plastique, le sens précis des figures. Un grand vague enveloppe ses impressions, et toutes ses énergies restent tendues pour la lutte. Jalouse, elle combat avec une opiniâtreté, mêlée de violence et de ruse, dont l'homme est incapable. Ce même aiguillon qui nous déchire les entrailles l'excite à la course. Dépossédée, elle lutte pour l'empire et pour la domination.

Aussi la jalousie, qui chez l'homme est une faiblesse, est une force chez la femme et la pousse aux entreprises. Elle en tire moins de dégoût que d'audace.

Voyez l'Hermione de Racine. Sa jalousie ne s'exhale pas en noires fumées; elle a peu d'imagination; elle ne fait point de ses tourments un poème plein d'images cruelles. Elle ne rêve pas, et qu'est-ce que la jalousie sans le rêve? qu'est-ce que la jalousie sans l'obsession et sans une espèce de monomanie furieuse? Hermione n'est pas jalouse. Elle s'occupe d'empêcher un mariage. Elle veut l'empêcher à tout prix, et reprendre un homme, rien de plus.

Et quand cet homme est tué pour elle, par elle, elle est étonnée; elle est surtout attrapée. C'est un mariage manqué. Un homme à sa place se fût écrié : « Tant mieux! cette femme que j'aimais, personne ne l'aura. »

*
* *

Le monde est frivole et vain, tant qu'il vous plaira. Pourtant, ce n'est point une mauvaise école pour un homme politique. Et l'on peut regretter qu'on en ait si peu l'usage aujourd'hui dans nos parlements. Ce qui fait le monde, c'est la femme. Elle y est souveraine : rien ne s'y fait que par elle et pour elle. Or la femme est la grande éducatrice de l'homme ; elle lui enseigne les vertus charmantes, la politesse, la discrétion et cette fierté qui craint d'être importune. Elle montre à quelques-uns l'art de plaire, à tous l'art utile de ne pas déplaire. On apprend d'elle que la société est plus complexe et d'une ordonnance plus délicate qu'on ne l'imagine communément dans les cafés politiques. Enfin on se pénètre près d'elle de cette idée que les rêves du sentiment et les ombres de la foi sont invincibles, et que ce n'est pas la raison qui gouverne les hommes.

*
* *

Le comique est vite douloureux quand il est humain. Est-ce que don Quichotte ne vous fait pas quelquefois pleurer? Je goûte beaucoup pour ma part quelques livres d'une sereine et riante désolation, comme cet incomparable *Don Quichotte* ou comme *Candide*, qui sont, à les bien prendre, des manuels d'indulgence et de pitié, des bibles de bienveillance.

*
* *

L'art n'a pas la vérité pour objet. Il faut demander la vérité aux sciences, parce qu'elle est leur objet ; il ne faut pas la demander à la littérature, qui n'a et ne peut avoir d'objet que le beau.

La Chloé du roman grec ne fut jamais une vraie bergère, et son Daphnis ne fut jamais un vrai chevrier ; pourtant ils nous plaisent encore. Le Grec subtil qui nous conta leur histoire ne se souciait point d'étables ni de boucs. Il n'avait

souci que de poésie et d'amour. Et
comme il voulait montrer, pour le plaisir
des citadins, un amour sensuel et gracieux, il mit cet amour dans les champs
où ses lecteurs n'allaient point, car
c'étaient de vieux Byzantins blanchis au
fond de leur palais, au milieu de féroces
mosaïques ou derrière le comptoir sur
lequel ils avaient amassé de grandes
richesses. Afin d'égayer ces vieillards
mornes, le conteur leur montra deux
beaux enfants. Et pour qu'on ne confon-
dît point son Daphnis et sa Chloé avec
les petits polissons et les fillettes vicieuses
qui foisonnent sur le pavé des grandes
villes, il prit soin de dire : « Ceux dont
je vous parle vivaient autrefois à Lesbos,
et leur histoire fut peinte dans un bois

consacré aux Nymphes. » Il prenait l'utile précaution que toutes les bonnes femmes ne manquent jamais de prendre avant de faire un conte, quand elles disent : « Au temps que Berthe filait. » ou : « Quand les bêtes parlaient. »

Si l'on veut nous dire une belle histoire, il faut bien sortir un peu de l'expérience et de l'usage.

*
* *

Nous mettons l'infini dans l'amour. Ce n'est pas la faute des femmes.

*
* *

Je ne crois pas que douze cents personnes assemblées pour entendre une pièce de théâtre forment un concile inspiré par la sagesse éternelle; mais le public, ce me semble, apporte ordinairement au spectacle une naïveté de cœur et une sincérité d'esprit qui donnent quelque valeur au sentiment qu'il éprouve. Bien des gens à qui il est impossible de se faire une idée de ce qu'ils ont lu sont en état de rendre un compte assez exact de ce qu'ils ont vu représenté. Quand on lit un livre, on le lit comme on veut, on en lit ou plutôt on y lit ce qu'on veut. Le livre laisse tout à faire à l'imagination. Aussi les esprits rudes et communs n'y prennent-ils pour la plupart qu'un pâle et froid plaisir. Le théâtre au contraire fait tout voir et dispense de rien imaginer. C'est pourquoi il contente le plus grand nombre. C'est aussi pourquoi il plaît médiocrement aux esprits rêveurs et méditatifs. Ceux-là n'aiment les idées que pour le prolongement qu'ils leur donnent et pour l'écho mélodieux qu'elles éveillent en eux-mêmes. Ils n'ont que faire dans un théâtre et préfèrent au plaisir passif du spectacle la joie active de la lecture. Qu'est-ce qu'un livre? Une suite de petits signes. Rien de plus. C'est au lecteur à tirer lui-même les formes, les couleurs et les sentiments auxquels ces signes correspondent. Il dépendra de lui que ce livre soit terne ou brillant, ardent ou glacé. Je dirai, si vous préférez, que chaque mot d'un livre est un doigt mystérieux, qui effleure une fibre de notre cerveau comme la corde d'une harpe et éveille ainsi une note dans notre âme sonore. En vain la main de l'artiste sera inspirée et savante. Le son qu'elle rendra dépend de la qualité de nos cordes intimes. Il n'en est pas tout à fait de même du théâtre. Les petits signes noirs y sont remplacés par des images vivantes. Aux fins caractères d'imprimerie qui laissent tant à deviner sont substitués des hommes et des femmes, qui n'ont rien de vague ni de mystérieux. Le tout est exactement déterminé. Il en résulte que les impressions reçues par les spectateurs sont aussi peu dissemblables que possible, eu égard à la fatale diversité des sentiments humains. Aussi voit-on, dans toutes les représentations (que des querelles littéraires ou politiques ne troublent point), une véritable sympathie s'établir entre tous les assistants. Si l'on considère, d'ailleurs, que le théâtre est l'art qui s'éloigne le moins de la vie, on reconnaîtra qu'il est le plus facile à comprendre et à sentir et l'on en conclura que c'est celui sur lequel le public est le mieux d'accord et se trompe le moins.

Que la mort nous fasse périr tout entiers, je n'y contredis point. Cela est fort possible. En ce cas, il ne faut pas la craindre :

Je suis, elle n'est pas; elle est, je ne suis plus.

Mais si, tout en nous frappant, elle

nous laisse subsister, soyez bien sûrs que nous nous retrouverons au delà du tombeau tels absolument que nous étions sur la terre. Nous en serons sans doute fort penauds. Cette idée est de nature à nous gâter par avance le paradis et l'enfer.

Elle nous ôte toute espérance, car ce que nous souhaitons le plus, c'est de devenir tout autres que nous ne sommes. Mais cela nous est bien défendu.

*
* *

Il y a un petit livre allemand qui s'appelle : *Notes à ajouter au livre de la vie*, et qui est signé Gerhard d'Amyntor, livre assez vrai et par conséquent assez triste, où l'on voit décrite la condition ordinaire des femmes. « C'est dans les soucis quotidiens que la mère de famille perd sa fraîcheur et sa force et se consume jusqu'à la moelle de ses os. L'éternel retour de la question : « Que faut-il faire cuire aujourd'hui ? » l'incessante nécessité de balayer le plancher, de battre, de brosser les habits, d'épousseter, tout cela, c'est la goutte d'eau dont la chute constante finit par ronger lentement, mais sûrement, l'esprit aussi bien que le corps. C'est devant le fourneau de cuisine que, par une magie vulgaire, la petite créature blanche et rose, au rire de cristal, se change en une momie noire et douloureuse. Sur l'autel fumeux où mijote le pot-au-feu, sont sacrifiées jeunesse, liberté, beauté, joie. » Ainsi s'exprime à peu près Gerhard d'Amyntor.

Tel est le sort, en effet, de l'immense majorité des femmes. L'existence est dure pour elles comme pour l'homme. Et si l'on recherche aujourd'hui pourquoi elle est si pénible, on reconnaît qu'il n'en peut être autrement sur une planète où les choses indispensables à la vie sont rares, d'une production difficile ou d'une extraction laborieuse. Des causes si profondes et qui dépendent de la figure même de la terre, de sa constitution, de sa flore et de sa faune, sont malheureusement durables et nécessaires. Le travail, avec quelque équité qu'on le puisse répartir, pèsera toujours sur la plupart des hommes et sur la plupart des femmes, et peu d'entre elles auront le loisir de développer leur beauté et leur intelligence dans des conditions esthétiques. La faute en est à la nature. Cependant, que devient l'amour? Il devient ce qu'il peut. La faim est sa grande ennemie. Et c'est un fait incontestable que les femmes ont faim. Il est probable qu'au xxe siècle comme au xixe elles feront la cuisine, à moins que le socialisme ne ramène l'âge où les chasseurs dévoraient leur proie encore chaude et où Vénus dans les forêts unissait les amants. Alors la femme était libre. Je vais vous dire : Si j'avais créé l'homme et la femme, je les aurais formés sur un type très différent de celui qui a prévalu et qui est celui des mammifères supérieurs. J'aurais fait les hommes et les femmes, non point à la ressemblance des grands singes comme ils sont en effet, mais à l'image des insectes qui, après avoir vécu chenilles, se transforment en papillons et n'ont, au terme de leur vie, d'autre souci que d'aimer et d'être beaux. J'aurais mis la jeunesse à la fin de l'existence humaine. Certains insectes ont, dans leur dernière métamorphose, des ailes et pas d'estomac. Ils ne renaissent sous cette forme épurée que pour aimer une heure et mourir.

Si j'étais un dieu, ou plutôt un démiurge, — car la philosophie alexandrine nous enseigne que ces minimes ouvrages sont plutôt l'affaire du démiurge, ou simplement de quelque démon constructeur, — si donc j'étais démiurge ou démon, ce sont ces insectes que j'aurais pris pour modèles de l'homme. J'aurais voulu que, comme eux, l'homme accomplît d'abord, à l'état de larve, les travaux dégoûtants par lesquels il se nourrit. En cette phase, il n'y aurait point eu de sexes, et la faim n'aurait point avili l'amour. Puis j'aurais fait en sorte que, dans une transformation dernière, l'homme et la femme, déployant des ailes étincelantes, vécussent de rosée et de désir et mourussent dans un baiser. J'aurais de la sorte donné à leur existence mortelle l'amour en récompense et pour couronne. Et cela aurait été mieux ainsi. Mais je n'ai pas créé le monde, et le démiurge qui s'en est chargé n'a pas pris mes avis. Je doute, entre nous, qu'il ait consulté les philosophes et les gens d'esprit.

*
* *

C'est une grande erreur de croire que les vérités scientifiques diffèrent essentiellement des vérités vulgaires. Elles n'en diffèrent que par l'étendue et la précision. Au point de vue pratique, c'est là une différence considérable. Mais il ne faut pas oublier que l'observation du savant s'arrête à l'apparence et au phénomène, sans jamais pouvoir pénétrer la substance ni rien savoir de la véritable nature des choses. Un œil armé du microscope n'en est pas moins un œil humain. Il voit plus que les autres yeux, il ne voit pas autrement. Le savant multiplie les rapports de l'homme avec la nature, mais il lui est impossible de modifier en rien le caractère essentiel de ces rapports. Il voit comment se produisent certains phénomènes qui nous échappent, mais il lui est interdit, aussi bien qu'à nous, de rechercher pourquoi ils se produisent.

Demander une morale à la science, c'est s'exposer à de cruels mécomptes. On croyait, il y a trois cents ans, que la terre était le centre de la création. Nous savons aujourd'hui qu'elle n'est qu'une goutte figée du soleil. Nous savons quels gaz brûlent à la surface des plus lointaines étoiles. Nous savons que l'univers, dans lequel nous sommes une poussière errante, enfante et dévore dans un perpétuel travail ; nous savons qu'il naît sans cesse et qu'il meurt des astres. Mais en quoi notre morale a-t-elle été changée par de si prodigieuses découvertes ? Les mères en ont-elles mieux ou moins bien aimé leurs petits enfants ? En sentons-nous plus ou moins la beauté des femmes ? Le cœur en bat-il autrement dans la poitrine des héros ? Non ! non ! que la terre soit grande ou petite, il n'importe à l'homme. Elle est assez grande pourvu qu'on y souffre, pourvu qu'on y aime. La souffrance et l'amour, voilà les deux sources jumelles de son inépuisable beauté. La souffrance ! quelle divine méconnue ! Nous lui devons tout ce qu'il y a de bon en nous, tout ce qui donne du prix à la vie ; nous lui devons la pitié, nous lui devons le courage, nous lui devons toutes les vertus. La terre n'est qu'un grain de sable dans le désert infini des mondes. Mais, si l'on ne souffre que sur la terre, elle est plus grande que tout le reste du monde. Que dis-je? elle est tout, et le reste n'est rien. Car, ailleurs, il n'y a ni vertu ni génie. Qu'est-ce que le génie, sinon l'art de charmer la souffrance? C'est sur le sentiment seul que la morale repose naturellement. De très grands esprits ont nourri, je le sais, d'autres espérances. Renan s'abandonnait volontiers en souriant au rêve d'une morale scientifique. Il avait dans la science une confiance à peu près illimitée. Il croyait qu'elle changerait le monde, parce qu'elle perce les montagnes. Je ne crois pas, comme lui, qu'elle puisse nous diviniser. A vrai dire, je n'en ai guère l'envie. Je ne sens pas en moi l'étoffe d'un dieu, si petit qu'il soit. Ma faiblesse m'est chère. Je tiens à mon imperfection comme à ma raison d'être.

Il y a une petite toile de Jean Béraud qui m'intéresse étrangement. C'est la *salle Graffard*; une réunion publique où l'on voit fumer les cerveaux avec les pipes et les lampes. La scène sans doute tourne au comique. Mais combien ce comique est profond et vrai! Combien il est mélancolique! Il y a dans cet étonnant tableau une figure qui me fait mieux comprendre à elle seule l'ouvrier socialiste que vingt volumes d'histoire et de doctrine, celle de ce petit homme chauve, tout en crâne, sans épaules, qui siège au bureau dans son cache-nez, un ouvrier d'art sans doute, et un homme à idées, maladif et sans instincts, l'ascète du prolétariat, le saint de l'atelier, chaste et fanatique comme les saints de l'Église, aux premiers âges. Certes, celui-là est un apôtre et on sent à le voir qu'une religion nouvelle est née dans le peuple.

* * *

Un géologue anglais, de l'esprit le plus riche et le plus ouvert, sir Charles Lyell, a établi, il y a quarante ans environ, ce qu'on nomme la théorie des causes actuelles. Il a démontré que les changements survenus dans le cours des âges sur la face de la terre n'étaient pas dus, comme on le croyait, à des cataclysmes soudains, qu'ils étaient l'effet de causes insensibles et lentes qui ne cessent point d'agir encore aujourd'hui. A le suivre, on voit que ces grands changements, dont les vestiges étonnent, ne semblent si terribles que par le raccourci des âges et qu'en réalité ils s'accomplirent très doucement. C'est sans fureur que les mers changèrent de lit et que les glaciers descendirent dans les plaines, couvertes autrefois de fougères arborescentes.

Des transformations semblables s'accomplissent sous nos yeux, sans que nous puissions même nous en apercevoir. Là, enfin, où Cuvier voyait d'épouvantables bouleversements, Charles Lyell nous montre la lenteur clémente des forces naturelles. On sent combien cette théorie des causes actuelles serait bienfaisante si on pouvait la transporter du monde physique au monde moral et en tirer des règles de conduite. L'esprit conservateur et l'esprit révolutionnaire, y trouveraient un terrain de conciliation.

Persuadé qu'ils restent insensibles quand ils s'opèrent d'une manière continue, le conservateur ne s'opposerait plus aux changements nécessaires, de peur d'accumuler des forces destructives à l'endroit même où il aurait placé l'obstacle. Et le révolutionnaire, de son côté, renoncerait à solliciter imprudemment des énergies qu'il saurait être toujours actives. Plus j'y songe et plus je me persuade que, si la théorie morale des causes actuelles pénétrait dans la conscience de l'humanité, elle transformerait tous les peuples de la terre en une république de sages. La seule difficulté est de l'y introduire, et il faut convenir qu'elle est grande.

*
* *

Je viens de lire un livre dans lequel un poète philosophe nous montre des hommes exempts de joie, de douleur et de curiosité. Au sortir de cette nouvelle terre d'Utopie quand, de retour sur la terre, on voit autour de soi des hommes lutter, aimer, souffrir, comme on se prend à les aimer et comme on est content de souffrir avec eux! Comme on sent bien que là seulement est la véritable joie! Elle est dans la souffrance comme le baume est dans la blessure de l'arbre généreux. Ils ont tué la passion, et du même coup ils ont tout tué, joie et douleur, souffrance et volupté, bien, mal, beauté, tout enfin et surtout la vertu. Ils sont sages et pourtant ils ne valent plus rien, car on ne vaut que par l'effort. Qu'importe que leur vie soit longue, s'ils ne l'emplissent pas, s'ils ne la vivent pas?

Ce livre fait beaucoup pour me rendre chère par réflexion cette condition d'homme qui cependant est dure, pour me réconcilier avec cette douloureuse vie, pour me ramener enfin à l'estime de mes semblables et à la grande sympathie humaine. Ce livre a cela d'excellent qu'il fait aimer la réalité et met en garde contre l'esprit de chimère et d'illusion. En nous montrant des êtres exempts de maux, il nous fait comprendre que ces tristes bienheureux ne nous égalent pas et que ce serait une grande folie que de quitter (à supposer que cela fût possible) notre condition pour la leur.

Oh ! le misérable bonheur que celui-là ! N'ayant plus de passions, ils n'ont pas d'art. Et comment auraient-ils des poètes ? Ils ne sauraient goûter ni la muse épique qui s'inspire des fureurs de la haine et de l'amour, ni la muse comique qui rit en cadence des vices et des ridicules des hommes. Ils ne peuvent plus imaginer les Didon et les Phèdre, les malheureux ! ils ne voient plus ces ombres divines qui passent en frissonnant sous les myrtes immortels.

Ils sont aveugles et sourds aux miracles de cette poésie qui divinise la terre des hommes. Ils n'ont pas Virgile, et on les dit heureux, parce qu'ils ont des ascenseurs. Pourtant un seul beau vers a fait plus de bien au monde que tous les chefs-d'œuvre de la métallurgie.

Inexorable progrès ! ce peuple d'ingénieurs n'a plus ni passions, ni poésie, ni amour. Hélas ! comment sauraient-ils aimer, puisqu'ils sont heureux ? L'amour ne fleurit que dans la douleur. Qu'est-ce que les aveux des amants, sinon des cris de détresse ? « Qu'un Dieu serait misérable à ma place ! s'écrie, dans un élan d'amour, le héros d'un poète anglais. Un dieu, ma bien-aimée, ne pourrait pas souffrir, ne pourrait pas mourir pour toi ! »

Pardonnons à la douleur et sachons bien qu'il est impossible d'imaginer un bonheur plus grand que celui que nous possédons en cette vie humaine, si douce et si amère, si mauvaise et si bonne, à la fois idéale et réelle, et qui contient toutes choses et concilie tous les contrastes. Là est notre jardin, qu'il faut bêcher avec zèle.

**
* *

C'est la force et la bonté des religions d'enseigner à l'homme sa raison d'être et ses fins dernières. Quand on a repoussé les dogmes de la théologie morale, comme nous l'avons fait presque tous en cet âge de science et de liberté intellectuelle, il ne reste plus aucun moyen de savoir pourquoi on est sur ce monde et ce qu'on y est venu faire.

Le mystère de la destinée nous enveloppe tout entiers dans ses puissants arcanes, et il faut vraiment ne penser à rien pour ne pas ressentir cruellement la tragique absurdité de vivre. C'est là, c'est dans l'absolue ignorance de notre raison d'être qu'est la racine de notre tristesse et de nos dégoûts. Le mal physique et le mal moral, les misères de l'âme et des sens, le bonheur des méchants, l'humiliation du juste, tout cela serait encore supportable si l'on en concevait l'ordre et l'économie et si l'on y devinait une providence. Le croyant se réjouit de ses ulcères ; il a pour agréables les injustices et les violences de ses ennemis ; ses fautes même et ses crimes ne lui ôtent pas l'espérance. Mais, dans un monde où toute illumination de la foi est éteinte, le mal et la douleur perdent jusqu'à leur signification et n'apparaissent plus que comme des plaisanteries odieuses et des farces sinistres.

※
※ ※

Il y a toujours un moment où la curiosité devient un péché, et le diable s'est toujours mis du côté des savants.

※
※ ※

Me trouvant à Saint-Lô, il y a une dizaine d'années, je rencontrai, chez un ami qui habite cette petite ville montueuse, un prêtre instruit et éloquent avec lequel je pris plaisir à causer.

Insensiblement, je gagnai sa confiance et nous eûmes sur de graves sujets des entretiens où il montrait à la fois la subtilité pénétrante de son esprit et la divine candeur de son âme. C'était un sage et c'était un saint. Grand casuiste et grand théologien, il s'exprimait avec tant de puissance et de charme que rien, dans cette petite ville, ne m'était si cher que de l'entendre. Pourtant je demeurai plusieurs jours sans oser le regarder. Pour la taille, la forme et l'apparence, c'était un monstre. Figurez-vous un nain bancal et tors, agité d'une sorte de danse de Saint-Guy et sautillant dans sa soutane comme dans un sac. Sur son front des boucles blondes de cheveux, en révélant sa jeunesse, le rendaient plus épouvantable encore. Mais enfin, ayant excité mon courage à le voir en face, je pris à sa laideur une sorte d'intérêt puissant. Je la contemplais et je la méditais. Tandis que ses lèvres découvraient dans un sourire séraphique les restes noirs de trois dents et que ses yeux, qui cherchaient le ciel, roulaient entre des paupières sanglantes, je l'admirais et, loin de le plaindre, j'enviais un être si merveilleusement préservé, par la déformation parfaite de son corps, des troubles de la chair, des faiblesses des sens et des tentations que la nuit apporte dans ses ombres. Je l'estimais heureux entre les hommes. Or, un jour, comme tous deux nous descendions au soleil la rampe des collines, en disputant de la grâce, ce prêtre s'arrêta tout à coup, posa lourdement sa main sur mon bras et me dit d'une voix vibrante que j'entends encore :

— Je l'affirme, je le sais : la chasteté

est une vertu qui ne peut être gardée sans un secours spécial de Dieu.

Cette parole me découvrit l'abîme insondable des péchés de la chair. Quel juste n'est point tenté si celui-là qui n'avait de corps, ce semble, que pour la souffrance et le dégoût, sentait aussi les aiguillons du désir?

Les personnes très pieuses ou très artistes mettent dans la religion ou dans l'art un sensualisme raffiné. Or, on n'est pas sensuel sans être un peu fétichiste. Le poète a le fétichisme des mots et des sons. Il prête des vertus merveilleuses à certaines combinaisons de syllabes et tend, comme les dévots, à croire à l'efficacité des formules consacrées.

Il y a dans la versification plus de liturgie qu'on ne croit. Et, pour un poète blanchi dans la poétique, faire des vers, c'est accomplir les rites sacrés. Cet état d'esprit est essentiellement conservateur, et il ne faut point s'étonner de l'intolérance qui en est le naturel effet.

A peine a-t-on le droit de sourire en voyant que ceux qui, à tort ou à raison, prétendent avoir le plus innové sont ceux-là mêmes qui repoussent les nouveautés avec le plus de colère ou de dégoût. C'est là le tour ordinaire de l'esprit humain, et l'histoire de la Réforme en a fait paraître des exemples tragiques. On a vu un Henry Estienne qui, contraint de fuir pour échapper au bûcher, du fond de sa retraite dénonçait au bourreau ses propres amis qui ne pensaient pas comme lui. On a vu Calvin, et l'on sait que l'intolérance des révolutionnaires n'est pas médiocre. J'ai connu jadis un vieux sénateur de la République qui, dans sa jeunesse, avait conspiré avec toutes les sociétés secrètes contre Charles X, fomenté soixante émeutes sous le gouvernement de Juillet, tramé, déjà vieux, des complots pour renverser l'Empire et pris sa large part de trois révolutions. C'était un vieillard paisible, qui gardait dans les débats des assemblées une douceur souriante. Il semblait que rien ne dût troubler désormais son repos, acheté par tant de fatigues. Il ne respirait plus que la paix et le contentement. Un jour pourtant, je le vis indigné. Un feu qu'on croyait depuis longtemps éteint brillait dans ses yeux. Il regardait par une fenêtre du palais un monôme d'étudiants qui déroulait sa queue dans le jardin du Luxembourg. La vue de cette innocente émeute lui inspirait une sorte de fureur.

— Un tel désordre sur la voie publique! s'écria-t-il d'une voix étranglée par la colère et l'épouvante.

Et il appelait la police.

C'était un brave homme. Mais, après avoir fait des émeutes, il en craignait l'ombre. Ceux qui ont fait des révolutions ne souffrent pas qu'on en veuille faire après eux. Semblablement, les vieux poètes qui ont marqué dans quelque changement poétique ne veulent plus qu'on change rien. En cela, ils sont hommes. Il est pénible, quand on n'est point un grand sage, de voir la vie continuer après soi et de se sentir noyé dans l'écoulement des choses. Poète, sénateur ou cordonnier, on se résigne mal à n'être pas la fin définitive des mondes et la raison suprême de l'univers.

On peut dire que, la plupart du temps, les poètes ne connaissent pas les lois scientifiques auxquelles ils obéissent quand ils font des vers excellents. En matière de prosodie, ils s'en tiennent, avec raison, à l'empirisme le plus naïf. Il serait bien peu intelligent de les en blâmer. En art comme en amour, l'instinct suffit, et la science n'y porte qu'une lumière importune. Bien que la beauté relève de la géométrie, c'est par le sentiment seul qu'il est possible d'en saisir les formes délicates.

Les poètes sont heureux : une part de leur force est dans leur ignorance même. Seulement, il ne faut pas qu'ils disputent trop vivement des lois de leur art : ils y perdent leur grâce avec leur innocence et, comme les poissons tirés hors de l'eau, ils se débattent vainement dans les régions arides de la théorie.

※

C'est une grande niaiserie que le « connais-toi toi-même » de la philosophie grecque. Nous ne connaîtrons jamais ni nous ni autrui. Il s'agit bien de cela ! Créer le monde est moins impossible que de le comprendre. Hegel en eut quelque soupçon. Il se peut que l'intelligence nous serve un jour à fabriquer un univers. A concevoir celui-ci, jamais ! Aussi bien est-ce faire un abus vraiment inique de l'intelligence que de l'employer à rechercher la vérité. Encore moins peut-elle nous servir à juger, selon la justice, les hommes et leurs œuvres. Elle s'emploie proprement à ces jeux, plus com-

pliqués que la marelle ou les échecs,
qu'on appelle métaphysique, éthique,
esthétique. Mais où elle sert le mieux et
donne le plus d'agrément, c'est à saisir
çà et là quelque saillie ou clarté des
choses et à en jouir, sans gâter cette joie
innocente par esprit de système et manie
de juger.

*
* *

Vous dites que l'état méditatif est la
cause de tous nos maux. Pour croire cet
état si funeste il en faut beaucoup exa-
gérer la grandeur et la puissance. En
réalité, l'intelligence usurpe bien moins
qu'on ne croit sur les instincts et les sentiments naturels, même chez les hommes

dont l'intelligence a le plus de force et qui sont égoïstes, avares et sensuels comme les autres hommes. On ne verra jamais un physiologiste soumettre au raisonnement les battements de son cœur et le rythme de sa respiration. Dans la civilisation la plus savante, les opérations auxquelles l'homme se livre avec une méthode philosophique demeurent peu nombreuses et peu importantes au regard de celles que l'instinct et le sens commun accomplissent seuls ; et nous réagissons si peu contre les mouvements réflexes que je n'ose pas dire qu'il y a dans les sociétés humaines un état intellectuel en opposition avec l'état de nature.

A tout considérer, un métaphysicien

ne diffère pas du reste des hommes autant qu'on croit et qu'il veut qu'on croie. Et qu'est-ce que penser? Et comment pense-t-on ? Nous pensons avec des mots ; cela seul est sensuel et ramène à la nature. Songez-y, un métaphysicien n'a, pour constituer le système du monde, que le cri perfectionné des singes et des chiens. Ce qu'il appelle spéculation profonde et méthode transcendante, c'est de mettre bout à bout, dans un ordre arbitraire, les onomatopées qui criaient la faim, la peur et l'amour dans les forêts primitives et auxquelles se sont attachées peu à peu des significations qu'on croit abstraites quand elles sont seulement relâchées.

N'ayez pas peur que cette suite de

petits cris éteints et affaiblis qui composent un livre de philosophie nous en apprenne trop sur l'univers pour que nous ne puissions plus y vivre. Dans la nuit où nous sommes tous, le savant se cogne au mur, tandis que l'ignorant reste tranquillement au milieu de la chambre.

A Gabriel Séailles.

Je ne sais si ce monde est le pire des mondes possible. C'est le flatter, je crois, que de lui accorder quelque excellence, fût-ce celle du mal. Ce que nous pouvons imaginer des autres mondes est peu de chose, et l'astronomie physique ne nous renseigne pas bien exactement sur les conditions de la vie à la surface des planètes même les plus voisines de la nôtre. Nous savons seulement que Vénus et Mars ressemblent beaucoup à la terre. Cette seule ressemblance nous permet de croire que le mal y règne comme ici et que la terre n'est qu'une des provinces de son vaste empire. Nous n'avons aucune raison de supposer que la vie est meilleure à la surface des mondes géants, Jupiter, Saturne, Uranus et Neptune, qui glissent en silence dans des espaces où le soleil commence d'épuiser sa chaleur et sa lumière. Qui sait ce que sont les êtres sur ces globes enveloppés de nuées épaisses et rapides ? Nous ne pouvons nous empêcher de penser, par analogie, que notre système solaire tout entier est une géhenne où l'animal naît pour la souffrance et pour la mort. Et il ne nous reste pas l'illusion de concevoir que les étoiles éclairent des planètes plus heureuses. Les étoiles ressemblent trop à notre soleil. La science a décomposé le faible rayon qu'elles mettent des années, des siècles à nous envoyer ; l'analyse de leur lumière nous a fait connaître que les substances qui brûlent à leur surface sont celles-là même qui s'agitent sur la sphère de l'astre qui, depuis qu'il est des hommes, éclaire et réchauffe leurs misères, leurs folies, leurs douleurs. Cette analogie suffirait seule à me dégoûter de l'univers.

L'unité de sa composition chimique

me fait assez pressentir la monotonie rigoureuse des états d'âme et de chair qui se produisent dans son inconcevable étendue et je crains raisonnablement que tous les êtres pensants ne soient ssi misérables dans le monde de Sirius et dans le système d'Altaïr qu'ils le sont, à notre connaissance, sur la terre. — Mais, dites-vous, tout cela n'est pas l'univers. — J'en ai bien aussi quelque soupçon, et je sens que ces immensités ne sont rien et qu'enfin, s'il y a quelque chose, ce quelque chose n'est pas ce que nous voyons.

Je sens que nous sommes dans une fantasmagorie et que notre vue de l'univers est purement l'effet du cauchemar de ce mauvais sommeil qui est la vie. Et c'est cela le pis. Car il est clair que nous ne pouvons rien savoir, que tout nous trompe, et que la nature se joue cruellement de notre ignorance et de notre imbécillité.

A Paul Hervieu.

Je suis persuadé que l'humanité a de tout temps la même somme de folie et de bêtise à dépenser. C'est un capital qui doit fructifier d'une manière ou d'une autre. La question est de savoir si, après tout, les insanités consacrées par le temps ne constituent pas le placement le plus sage qu'un homme puisse faire de sa bêtise. Loin de me réjouir quand je vois s'en aller quelque vieille erreur, je songe à l'erreur nouvelle qui viendra la remplacer, et je me demande avec inquiétude si elle ne sera pas plus incommode ou plus dangereuse que l'autre. A tout bien considérer, les vieux préjugés sont moins funestes que les nouveaux : le temps, en les usant, les a polis et rendus presque innocents.

*
* *

Ceux qui ont le sentiment et le goût de l'action font, dans les desseins les mieux concertés, la part de la fortune, sachant que toutes les grandes entreprises sont incertaines. La guerre et le jeu enseignent ces calculs de probabilités qui font saisir les chances sans s'user à les attendre toutes.

Quand on dit que la vie est bonne et quand on dit qu'elle est mauvaise, on dit une chose qui n'a point de sens. Il faut dire qu'elle est bonne et mauvaise à la fois, car c'est par elle, et par elle seule, que nous avons l'idée du bon et du mauvais. La vérité est que la vie est délicieuse, horrible, charmante, affreuse, douce, amère, et qu'elle est tout. Il en est d'elle comme de l'arlequin du bon Florian : l'un la voit rouge, l'autre la voit bleue, et tous les deux la voient comme elle est, puisqu'elle est rouge et bleue et de toutes les couleurs. Voilà de quoi nous mettre tous d'accord et réconcilier les philosophes qui se déchirent entre eux. Mais nous sommes ainsi faits que nous voulons forcer les autres à sentir et à penser comme nous et que nous ne permettons pas à notre voisin d'être gai quand nous sommes tristes.

Le mal est nécessaire. S'il n'existait pas, le bien n'existerait pas non plus. Le mal est l'unique raison d'être du bien. Que serait le courage loin du péril et la pitié sans la douleur?

Que deviendraient le dévouement et le

sacrifice au milieu du bonheur universel ? Peut-on concevoir la vertu sans le vice, l'amour sans la haine, la beauté sans la laideur ? C'est grâce au mal et à la souffrance que la terre peut être habitée et que la vie vaut la peine d'être vécue. Aussi ne faut-il pas trop se plaindre du diable. C'est un grand artiste et un grand savant ; il a fabriqué pour le moins la moitié du monde. Et cette moitié est si bien emboîtée dans l'autre qu'il est impossible d'entamer la première sans causer du même coup un semblable dommage à la seconde. A chaque vice qu'on détruit correspondait une vertu qui périt avec lui. J'ai eu le plaisir de voir un jour, à une foire de village, la vie du grand Saint-Antoine représentée par des marionnettes. C'est un spectacle qui passe en philosophie les tragédies de Shakespeare et les drames de M. d'Ennery. Oh ! qu'on apprécie bien là tout ensemble la grâce de Dieu et celle du diable !

Le théâtre représente une solitude affreuse, mais qui sera bientôt peuplée d'anges et de démons. L'action, en se déroulant, imprime dans les cœurs une terrible impression de fatalité, qui résulte de l'intervention symétrique des démons et des anges, ainsi que de l'allure des personnages, qui sont conduits par des fils que tient une main invisible. Pourtant, quand, après avoir fait sa prière, le grand Saint-Antoine, encore agenouillé soulève son front devenu calleux comme le genou des chameaux, pour avoir été longtemps prosterné sur la pierre, et, levant ses yeux brûlés de larmes, voit devant lui la reine de Saba, qui les bras ouverts, lui sourit dans sa robe d'or, on frémit, on tremble qu'il ne succombe, on suit avec angoisse le spectacle de son trouble et de sa détresse.

Nous nous reconnaissons tous en lui et, quand il a triomphé, nous nous associons tous à son triomphe. C'est celui de l'humanité tout entière dans sa lutte éternelle. Saint-Antoine n'est un grand saint que parce qu'il a résisté à la reine de Saba. Or, il faut bien le reconnaître, en lui envoyant cette belle dame qui cache son pied fourchu sous une longue robe brodée de perles, le diable fit une besogne nécessaire à la sainteté de l'ermite.

Ainsi le spectacle des marionnettes m'a confirmé dans cette idée que le mal est indispensable au bien et le diable nécessaire à la beauté morale du monde.

*
* *

J'ai trouvé chez des savants la candeur des enfants, et l'on voit tous les jours des ignorants qui se croient l'axe du monde. Hélas! chacun de nous se voit le centre de l'univers. C'est la commune illusion. Le balayeur de la rue n'y échappe pas. Elle lui vient de ses yeux dont les regards, arrondissant autour de lui la voûte céleste, le mettent au beau milieu du ciel et de la terre. Peut-être cette erreur est-elle un peu ébranlée chez celui qui a beaucoup médité. L'humilité rare chez les doctes, l'est encore plus chez les ignares.

*
* *

Une théorie philosophique du monde ressemble au monde comme une sphère sur laquelle on tracerait seulement les degrés de longitude et de latitude ressemblerait à la terre. La métaphysique a cela d'admirable qu'elle ôte au monde tout ce qu'il a et qu'elle lui donne ce qu'il n'avait pas, travail merveilleux sans doute, et jeu plus beau, plus illustre incomparablement que les dames et que les échecs, mais, à tout prendre, de même nature. Le monde pensé se réduit à des lignes géométriques dont l'arrangement amuse. Un système comme celui de Kant ou de Hegel ne diffère pas essentiellement de ces *réussites* par lesquelles les femmes trompent, avec des cartes, l'ennui de vivre.

*
* *

Peut-on, me dis-je, en lisant ce livre, nous charmer ainsi, non point avec des formes et des couleurs, comme fait la nature en ses bons moments, qui sont rares, mais avec de petits signes empruntés au langage ! Ces signes éveillent en nous des images divines. C'est là le miracle ! Un beau vers est comme un archet promené sur nos fibres sonores. Ce ne sont pas ses pensées, ce sont les nôtres que le poète fait chanter en nous. Quand il nous parle d'une femme qu'il aime, ce sont nos amours et nos douleurs qu'il éveille délicieusement en notre âme. Il est un évocateur. Quand nous le comprenons, nous sommes aussi poètes que lui. Nous avons en nous, tous tant que nous sommes, un exemplaire de chacun de nos poètes que personne ne connaît, et qui périra à jamais avec toutes ses variantes lorsque nous ne sentirons plus rien. Et croyez-vous que nous aimerions tant nos lyriques s'ils nous parlaient d'autre chose que de nous ? Quel heureux malentendu ! Les meilleurs d'entre eux sont des égoïstes. Ils ne pensent qu'à eux. Ils n'ont mis qu'eux dans leurs vers et nous n'y trouvons que nous. Les poètes nous aident à aimer : ils ne servent qu'à cela. Et c'est un assez bel emploi de leur vanité délicieuse. Aussi en est-il de leurs strophes comme des femmes ; rien n'est plus vain que de les louer : la mieux aimée sera toujours la plus belle. Quant à faire confesser au public que celle qu'on a choisie est incomparable, cela est plutôt d'un chevalier errant que d'un homme sage.

*
* *

Je ne sais si, comme la théologie l'enseigne, la vie est une épreuve ; en tout cas, ce n'est pas une épreuve à laquelle nous soyons soumis volontairement. Les conditions n'en sont pas réglées avec une clarté suffisante. Enfin elle n'est point égale pour tous. Qu'est-ce que l'épreuve de la vie pour les enfants qui meurent sitôt nés, pour les idiots et les fous ? Voilà des objections auxquelles on a déjà répondu. — On y répond toujours, et il faut que la réponse ne soit pas très bonne, pour qu'on soit obligé de la faire tant de fois. La vie n'a pas l'air d'une salle d'examen. Elle ressemble plutôt à un vaste atelier de poterie où l'on fabrique toutes sortes de vases pour des destinations inconnues et dont plusieurs, rompus dans le moule, sont rejetés comme de vils tessons sans avoir jamais servi. Les autres ne sont employés qu'à des usages absurdes ou dégoûtants. Ces pots, c'est nous.

A Pierre Veber.

La destinée du Judas de Kerioth nous plonge dans un abîme d'étonnement. Car enfin cet homme est venu pour accomplir les prophéties ; il fallait qu'il vendît le fils de Dieu pour trente deniers. Et le baiser du traître est, comme la lance et les clous vénérés, un des instruments nécessaires de la Passion. Sans Judas, le mystère ne s'accomplissait point et le genre humain n'était point sauvé. Et pourtant c'est une opinion constante parmi les théologiens que Judas est damné. Ils la fondent sur cette parole du Christ : « Il eût mieux valu pour lui n'être pas né ». Cette idée que Judas a perdu son âme en travaillant au salut du monde a tourmenté plusieurs chrétiens mystiques et entre autres l'abbé Œgger, premier vicaire de la cathédrale de Paris. Ce prêtre, qui avait l'âme pleine de pitié, ne pouvait tolérer l'idée que Judas souffrait dans l'enfer les tourments éternels. Il y songeait sans cesse et son trouble croissait dans ses perpétuelles méditations.

Il en vint à penser que le rachat de cette malheureuse âme intéressait la miséricorde divine et qu'en dépit de la parole obscure de l'Évangile et de la tradition de l'Église, l'homme de Kerioth devait être sauvé. Ses doutes lui étaient insupportables ; il voulut en être éclairci. Une nuit, comme il ne pouvait dormir, il se leva et entra par la sacristie dans l'église déserte où les lampes perpétuelles brûlaient sous d'épaisses ténèbres. Là, s'étant prosterné au pied du maître autel, il fit cette prière :

« Mon Dieu, Dieu de clémence et d'amour, s'il est vrai que tu as reçu dans ta gloire le plus malheureux de tes disciples; s'il est vrai, comme je l'espère et le veux croire, que Judas Iscarioth est assis à ta droite, ordonne qu'il descende vers moi et qu'il m'annonce lui-même le chef-d'œuvre de ta miséricorde.

» Et toi qu'on maudit depuis dix-huit siècles et que je vénère parce que tu sembles avoir pris l'enfer pour toi seul afin de nous laisser le ciel, bouc émissaire des traîtres et des infâmes, ô Judas, viens m'imposer les mains pour le sacerdoce de la miséricorde et de l'amour ! »

Après avoir fait cette prière, le prêtre prosterné sentit deux mains se poser sur sa tête comme celles de l'évêque le jour de l'ordination. Le lendemain, il annonçait sa vocation à l'archevêque. — « Je suis lui dit-il, prêtre de la Miséricorde, selon l'ordre de Judas, *secundum ordinem Judas.* »

Et, dès ce jour même, M. OEgger alla prêcher par le monde l'évangile de la pitié infinie, au nom de Judas racheté. Son apostolat s'enfonça dans la misère et dans la folie. M. OEgger devint swedenborgien et mourut à Munich. C'est le dernier et le plus doux des caïnites.

6.

※
※ ※

M. Aristide, qui est grand chasseur à tir et à courre, a sauvé une nitée de chardonnerets frais éclos dans un rosier, sous sa fenêtre. Un chat grimpait dans le rosier. Il est bon, dans l'action, de croire aux causes finales et de penser que les chats sont faits pour détruire les souris ou pour recevoir du plomb dans les côtes. M. Aristide prit son revolver et tira sur le chat. On est content d'abord de voir les chardonnerets sauvés et leur ennemi puni. Mais il en est de ce coup de revolver comme de toutes les actions humaines : on n'en voit plus la justice quand on y regarde de trop près. Car, si l'on y réfléchit, ce chat, qui était un chasseur, comme M. Aristide, pouvait bien, comme lui, croire aux causes finales, et, dans ce cas, il ne doutait point que les chardonnerets ne fussent pondus pour lui. C'est une illusion bien naturelle. Le coup de revolver lui apprit un peu tard qu'il se trompait sur la cause finale des petits oiseaux qui piaillent dans les rosiers. Quel être ne se croit pas la fin de l'univers et n'agit pas comme s'il l'était? C'est la condition même de la vie. Chacun de nous pense que le monde aboutit à lui. Quand je parle de nous, je n'oublie pas les bêtes. Il n'est pas un animal qui ne se sente la fin suprême où tendait la nature. Nos voisins, comme le revolver de M. Aristide, ne manquent point de nous détromper un jour ou l'autre, nos voisins, ou seulement un chien, un cheval, un microbe, un grain de sable.

*

Tout ce qui ne vaut que par la nouveauté du tour et par un certain goût d'art vieillit vite. La mode artiste passe comme toutes les autres modes. Il en est des phrases affectées et qui veulent être neuves comme des robes qui sortent de chez les grands couturiers : elles ne durent qu'une saison. A Rome, au déclin de l'art, les statues des impératrices étaient coiffées à la dernière mode. Ces coiffures devenaient bientôt ridicules; il fallait les changer, et l'on mettait aux statues des perruques de marbre. Il conviendrait qu'un style peigné comme ces statues fût recoiffé tous les ans. Et il se trouve qu'en ce temps-ci, où nous vivons très vite, les écoles littéraires ne subsistent que peu d'années, et parfois que peu de mois. Je sais des jeunes gens dont le style date déjà de deux ou trois générations, et semble archaïque. C'est sans doute l'effet de ce progrès merveilleux de l'industrie et des machines qui emporte les sociétés étonnées. Au temps de MM. de Goncourt et des chemins de fer, on pouvait vivre encore assez longtemps sur une écriture artiste. Mais depuis le téléphone, la littérature, qui dépend des mœurs, renouvelle ses formules avec une rapidité décourageante. Nous dirons donc avec M. Ludovic Halévy que la forme simple est la seule faite pour traverser paisiblement, non pas les siècles ce qui est trop dire, mais les années.

La seule difficulté est de définir la forme simple, et il faut convenir que cette difficulté est grande.

La nature, telle du moins que nous pouvons la connaître et dans les milieux appropriés à la vie, ne nous présente rien de simple, et l'art ne peut prétendre à plus de simplicité que la nature. Pourtant nous nous entendons assez bien, quand nous disons que tel style est simple et que tel autre ne l'est pas.

Je dirai donc, que, s'il n'y a pas proprement de style simple, il y a des styles qui paraissent simples, et que c'est précisément à ceux-là que semblent attachés la jeunesse et la durée. Il ne reste plus qu'à rechercher d'où leur vient cette apparence heureuse. Et l'on pensera sans doute qu'ils la doivent, non pas à ce qu'ils sont moins riches que les autres en éléments divers, mais bien à ce qu'ils forment un ensemble où toutes les parties sont si bien fondues qu'on ne les distingue plus. Un bon style, enfin, est comme ce rayon de lumière qui entre par ma fenêtre au moment où j'écris et qui doit sa clarté pure à l'union intime des sept couleurs dont il est composé. Le style simple est semblable à la clarté blanche. Il est complexe mais il n'y paraît pas. Ce n'est là qu'une image, et l'on sait le peu que valent les images quand ce n'est pas un poète qui les assemble. Mais j'ai voulu donner à entendre que, dans le langage, la simplicité belle et désirable n'est qu'une apparence et qu'elle résulte uniquement du bon ordre et de l'économie souveraine des parties du discours.

*
* *

Ne pouvant concevoir la beauté indépendante du temps et de l'espace, je ne commence à me plaire aux œuvres de l'esprit qu'au moment où j'en découvre les attaches avec la vie, et c'est le point de jointure qui m'attire. Les grossières poteries d'Hissarlik m'ont fait mieux aimer l'*Iliade*; et je goûte mieux la *Divine Comédie* pour ce que je sais de la vie florentine au xiiiᵉ siècle. C'est l'homme, et l'homme seulement, que je cherche dans l'artiste. Le poème le plus beau est-il autre chose qu'une relique? Gœthe a dit une parole profonde : « Les seules œuvres durables sont des œuvres de circonstance. » Mais il n'y a, à tout prendre, que des œuvres de circonstance, car toutes dépendent du lieu et du moment où elles furent créées. On ne peut les comprendre ni les aimer d'un amour intelligent, si l'on ne connaît le lieu, le temps et les circonstances de leur origine.

C'est le fait d'une imbécillité orgueilleuse de croire qu'on a produit une œuvre qui se suffit à elle-même. La plus haute n'a de prix que par ses rapports avec la vie. Mieux je saisis ces rapports, plus je m'intéresse à l'œuvre.

⁂

On peut, on doit tout dire, quand on sait tout dire. Il y aurait tant d'intérêt à entendre une confession absolument sincère! Et depuis qu'il y a des hommes rien de pareil n'a encore été entendu. Aucun n'a tout dit, pas même cet ardent Augustin, plus occupé de confondre les manichéens que ae mettre son âme à nu, non pas meme ce pauvre grand Rousseau que sa folie portait à se calomnier lui-même.

*
* *

Les influences secrètes du jour et de l'air, ces mille souffrances émanant de toute la nature, sont la rançon des êtres sensuels, enclins à chercher leur joie dans les formes et dans les couleurs.

*
* *

L'intolérance est de tous les temps. Il n'est point de religion qui n'ait eu ses fanatiques. Nous sommes tous enclins à l'adoration. Tout nous semble excellent dans ce que nous aimons, et cela nous fâche quand on nous montre le défaut de nos idoles. Les hommes ont grand'peine à mettre un peu de critique dans les sources de leurs croyances et dans l'origine de leur foi. Aussi bien, si l'on regardait trop aux principes, on ne croirait jamais.

*
* *

Beaucoup de gens, aujourd'hui, sont persuadés que nous sommes parvenus à l'arrière-fin des civilisations et qu'après nous le monde périra. Ils sont millénaires comme les saints des premiers âges chrétiens; mais ce sont des millénaires raisonnables, au goût du jour. C'est, peut-être, une sorte de consolation de se dire que l'univers ne nous survivra pas.

Pour ma part, je ne découvre dans l'humanité aucun signe de déclin. J'ai beau entendre parler de la décadence. Je n'y crois pas. Je ne crois pas même que nous soyons parvenus au plus haut point de civilisation. Je crois que l'évolution de l'humanité est extrêmement lente et que les différences qui se produisent d'un siècle à l'autre dans les mœurs sont, à les bien mesurer, plus petites qu'on ne s'imagine. Mais elles nous frappent. Et les innombrables ressemblances que nous avons avec nos pères, nous ne les remarquons pas. Le train du monde est lent. L'homme a le génie de l'imitation. Il n'invente guère. Il y a, en psychologie comme en physique, une loi de la pesanteur qui nous attache au vieux sol. Théophile Gautier, qui était à sa façon un philosophe, avec quelque chose de turc dans sa sagesse, remarquait, non sans mélancolie, que les hommes n'étaient pas même parvenus à inventer un huitième péché capital. Ce matin, en passant dans la rue, j'ai vu des maçons qui bâtissaient une maison et qui soulevaient des pierres comme les esclaves de Thèbes et de Ninive. J'ai vu des mariés qui sortaient de l'église pour aller au cabaret, suivis de leur cortège, et qui accomplissaient sans mélancolie les rites tant de fois séculaires. J'ai rencontré un poète lyrique qui m'a récité ses vers, qu'il croit immortels; et, pendant ce temps, des cavaliers passaient sur la chaussée, portant un casque, le casque des légionnaires et des hoplites, le casque en bronze clair des guerriers homériques, d'où pendait encore, pour terrifier l'ennemi, la crinière mouvante qui effraya l'enfant Astyanax dans les bras de sa nourrice à la belle ceinture. Ces cavaliers étaient des gardes républicains. A cette vue et songeant que les boulangers de Paris cuisent le pain dans des fours, comme aux temps d'Abraham et de Goudéa, j'ai murmuré la parole du Livre : « Rien de nouveau sous le soleil ». Et je ne m'étonnai plus de subir des lois civiles qui étaient déjà vieilles quand César Justinien en forma un corps vénérable.

Une chose surtout donne de l'attrait à la pensée des hommes : c'est l'inquiétude. Un esprit qui n'est point anxieux m'irrite ou m'ennuie.

*
* *

Nous appelons dangereux ceux qui ont l'esprit fait autrement que le nôtre et immoraux ceux qui n'ont point notre morale. Nous appelons sceptiques ceux qui n'ont point nos propres illusions, sans même nous inquiéter s'ils en ont d'autres.

*
* *

Auguste Comte est aujourd'hui mis à son rang, à côté de Descartes et de Leibnitz. La partie de sa philosophie qui traite des rapports des sciences entre elles et de leur subordination, celle encore où il dégage de l'amas des faits historiques une constitution positive de la sociologie font désormais partie des plus précieuses richesses de la pensée humaine. Au contraire, le plan tracé par ce grand homme, à la fin de sa vie, en vue d'une organisation nouvelle de la société, n'a trouvé aucune faveur en dehors de l'Église positiviste : c'est la partie religieuse de l'œuvre. Auguste Comte la conçut sous l'influence d'un amour mystique et chaste. Celle qui l'inspira, Clotilde de Vaux, mourut un an après sa première rencontre avec le philosophe, qui voua à la mémoire de cette jeune femme un culte continué par les disciples fidèles. La religion d'Auguste Comte fut inspirée par l'amour. Pourtant elle est triste et tyrannique. Tous les actes de la vie et de la pensée y sont étroitement réglés. Elle donne à l'existence une figure géométrique. Toute curiosité de l'esprit y est sévèrement réprimée. Elle ne souffre que les connaissances utiles et subordonne entièrement l'intelligence au sentiment. Chose digne de remarque! Par cela même que cette doctrine est fondée sur la science, elle suppose la science définitivement constituée et, loin d'encourager les recherches ultérieures, elle les déconseille et blâme même celles qui n'ont pas pour objet le bien des hommes. Cela seul m'empêcherait d'aller frapper, en habit blanc de néophyte, aux portes du temple de la rue Monsieur-le-Prince.

Bannir le caprice et la curiosité, que cela
est cruel ! Ce dont je me plains, ce n'est
pas que les positivistes veuillent nous
interdire toute recherche sur l'essence,
l'origine et la fin des choses. Je suis bien
résigné à ne connaître jamais la cause
des causes et la fin des fins. Il y a beau
temps que je lis les traités de métaphysique comme des romans plus amusants
que les autres, non plus véritables. Mais
ce qui rend le positivisme amer et déso-
lant, c'est la sévérité avec laquelle il
interdit les sciences inutiles, qui sont les
plus aimables. Vivre sans elles serait-ce
encore vivre ? Il ne nous laisse pas jouer
en liberté avec les phénomènes et nous
enivrer des vaines apparences. Il con-
damne la folie délicieuse d'explorer les

profondeurs du ciel. Auguste Comte, qui professa vingt ans l'astronomie, voulait borner l'étude de cette science aux planètes visibles de notre système, les seuls corps, disait-il, qui pussent avoir une influence appréciable sur le Grand-Fétiche. C'est la terre qu'il appelait ainsi. Mais le Grand-Fétiche ne serait plus habitable à certains esprits si la vie y était réglée heure par heure et si l'on n'y pouvait faire des choses inutiles, comme, par exemple, rêver aux étoiles doubles.

*
* *

« Il faut que j'agisse puisque je vis, » dit l'homunculus sorti de l'alambic du docteur Wagner. Et, dans le fait, vivre c'est agir. Malheureusement, l'esprit spéculatif rend l'homme impropre à l'action. L'empire n'est pas à ceux qui veulent tout comprendre. C'est une infirmité que de voir au delà du but prochain. Il n'y a pas que les chevaux et les mulets à qui il faille des œillères pour marcher sans écart. Les philosophes s'arrêtent en route et changent la course en promenade. L'histoire du petit Chaperon-Rouge est une grande leçon aux hommes d'État qui portent le petit pot de beurre et ne doivent pas savoir s'il est des noisettes dans les sentiers du bois.

*
* *

Plus je songe à la vie humaine, plus

je crois qu'il faut lui donner pour témoins et pour juges l'Ironie et la Pitié, comme les Égyptiens appelaient sur leurs morts la déesse Isis et la déesse Nephtys. L'Ironie et la Pitié sont deux bonnes conseillères; l'une, en souriant, nous rend la vie aimable; l'autre, qui pleure, nous la rend sacrée. L'Ironie que j'invoque n'est point cruelle. Elle ne raille ni l'amour, ni la beauté. Elle est douce et bienveillante. Son rire calme la colère, et c'est elle qui nous enseigne à nous moquer des méchants et des sots, que nous pouvions, sans elle, avoir la faiblesse de haïr.

✳
✳ ✳

Cet homme aura toujours la foule pour lui. Il est sûr de lui comme de l'univers. C'est ce qui plaît à la foule; elle demande des affirmations et non des preuves. Les preuves la troublent et l'embarrassent. Elle est simple et ne comprend que la simplicité. Il ne faut lui dire ni comment ni de quelle manière, mais seulement oui ou non.

✳
✳ ✳

Les morts se prêtent aux réconciliations avec une extrême facilité. C'est un bon instinct que de confondre dans la gloire et dans l'amour les ouvriers qui, bien qu'ennemis, travaillèrent en commun à quelque grande œuvre morale ou sociale. La légende opère ces réunions posthumes qui contentent tout un peuple. Elle a des ressources merveilleuses pour mettre Pierre et Paul et tout le monde d'accord.

Mais la légende de la Révolution a bien de la peine à se faire.

*
* *

Le goût des livres est vraiment un goût louable. On a raillé les bibliophiles, et peut-être, après tout, prêtent-ils à la raillerie; c'est le cas de tous les amoureux. Mais il faudrait plutôt les envier puisqu'ils ont ornés leur vie d'une longue et paisible volupté. On croit les confondre en disant qu'ils ne lisent point leurs livres. Mais l'un d'eux a répondu sans embarras : « Et vous, mangez-vous dans votre vieille faïence ? » Que peut-on faire de plus honnête que de mettre des livres dans une armoire ? Cela rappelle beaucoup, à la vérité, la tâche que se donnent les enfants, quand ils font des tas de sable au bord de la mer. Ils travaillent en vain, et tout ce qu'ils élèvent sera bientôt renversé. Sans doute, il en est ainsi des collections de livres et de tableaux. Mais il n'en faut accuser que les vicissitudes de l'existence et la brièveté de la vie. La mer emporte les tas de sable, le commissaire-priseur disperse les collections. Et pourtant on n'a rien de mieux à faire que des tas de sable à dix ans et des collections à soixante. Rien ne restera de tout ce que nous élevons, et l'amour des bibelots n'est pas plus vain que tous les autres amours.

Pour peu qu'on ait pratiqué les savants, on s'aperçoit qu'ils sont les moins curieux des hommes. Étant, il y a quelques années, dans une grande ville d'Europe que je ne nommerai pas, je visitai les galeries d'histoire naturelle en compagnie d'un des conservateurs qui me décrivait les zoolithes avec une extrême complaisance. Il m'instruisit beaucoup jusqu'aux terrains pliocènes. Mais, lorsque nous nous trouvâmes devant les premiers vestiges de l'homme, il détourna la tête et répondit à mes questions que ce n'était point sa vitrine. Je sentis mon indiscrétion. Il ne faut jamais demander à un savant les secrets de l'univers qui ne sont point dans sa vitrine. Cela ne l'intéresse point.

Le temps, dans sa fuite, blesse ou tue nos sentiments les plus ardents et les plus tendres. Il affaiblit l'admiration en lui ôtant ses aliments naturels : la surprise et l'étonnement ; il anéantit l'amour et ses belles folies, il ébranle la foi et l'espérance, il défleurit, il effeuille toutes les innocences. Du moins, qu'il nous laisse la pitié, afin que nous ne soyons pas enfermés dans la vieillesse comme dans un sépulcre.

C'est par la pitié qu'on demeure vraiment homme. Ne nous changeons pas en pierre comme les grandes impies des vieux mythes. Ayons pitié des faibles parce qu'ils souffrent la persécution et des heureux de ce monde parce qu'il est écrit : « Malheur à vous qui riez ! » Prenons la bonne part, qui est de souffrir avec ceux qui souffrent, et disons des lèvres et du cœur, au malheureux, comme le chrétien à Marie : « *Fac me tecum plangere.* »

*
* *

Ne craignons pas trop de prêter aux artistes d'autrefois un idéal qu'ils n'eurent jamais. On n'admire point sans quelque illusion, et comprendre un chef-d'œuvre c'est, en somme, le créer en soi-même à nouveau. Les mêmes œuvres se reflètent diversement dans les âmes qui les contemplent. Chaque génération d'hommes cherche une émotion nouvelle devant les ouvrages des vieux maîtres. Le spectateur le mieux doué est celui qui trouve, au prix de quelque heureux contresens, l'émotion la plus pure et la plus forte. Aussi l'humanité ne s'attache-t-elle guère avec passion qu'aux œuvres d'art ou de poésie dont quelques parties sont obscures et susceptibles d'interprétations diverses.

* * *

On annonce, on attend, on voit déjà de grands changements dans la société. C'est l'éternelle erreur de l'esprit prophétique. L'instabilité, sans doute, est la condition première de la vie; tout ce qui vit se modifie sans cesse, mais insensiblement et presque à notre insu.

Tout progrès, le meilleur comme le pire, est lent et régulier. Il n'y aura pas de grands changements, il n'y en eut jamais, j'entends de prompts ou de soudains. Toutes les transformations économiques s'opèrent avec la lenteur clémente des forces naturelles. Bonnes ou mauvaises à notre sens, les choses sont toujours ce qu'il fallait qu'elles fussent.

Notre état social est l'effet des états qui l'ont précédé, comme il est la cause des états qui le suivront. Il tient des premiers, comme les suivants tiendront de lui. Et cet enchaînement fixe pour longtemps la persistance d'un même type ; cet ordre assure la tranquillité de la vie. Il est vrai qu'il ne contente ni les esprits curieux de nouveautés, ni les cœurs altérés de charité. Mais c'est l'ordre universel. Il faut s'y soumettre. Ayons le zèle du cœur et les illusions nécessaires ; travaillons à ce que nous

croyons utile et bon, mais non point
dans l'espoir d'un succès subit et merveilleux, non point au milieu des imaginations d'une apocalypse sociale : toutes
les apocalypses éblouissent et déçoivent.
N'attendons point de miracle. Résignons-
nous à préparer, pour notre imperceptible part, l'avenir meilleur ou pire que
nous ne verrons pas.

* * *

Il faut, dans la vie, faire la part du
hasard. Le hasard, en définitive, c'est Dieu.

* * *

Les philosophies sont intéressantes

seulement comme des monuments psychiques propres à éclairer le savant sur les divers états qu'a traversés l'esprit humain. Précieuses pour la connaissance de l'homme, elles ne sauraient nous instruire en rien de ce qui n'est pas l'homme.

Les systèmes sont comme ces minces fils de platine qu'on met dans les lunettes astronomiques pour en diviser le champ en parties égales. Ces fils sont utiles à l'observation exacte des astres, mais ils sont de l'homme et non du ciel. Il est bon qu'il y ait des fils de platine dans les lunettes. Mais il ne faut pas oublier que c'est l'opticien qui les a mis.

※
※ ※

A dix-sept ans, je vis, un jour, Alfred de Vigny dans un cabinet de lecture de la rue de l'Arcade. Je n'oublierai jamais qu'il portait une épaisse cravate de satin noir attachée au cou par un camée et sur laquelle se rabattait un col aux bords arrondis. Il tenait à la main une mince canne de jonc à pomme d'or. J'étais bien jeune, et pourtant il ne me parut pas vieux. Son visage était paisible et doux. Ses cheveux décolorés, mais soyeux encore et légers, tombaient en boucles sur ses joues rondes. Il se tenait très droit, marchait à petits pas et parlait à voix basse.

Après son départ, je feuilletai avec une émotion respectueuse le livre qu'il avait rapporté. C'était un tome de la collection Petitot, les *Mémoires de La Noue*, je crois. J'y trouvai un signet oublié, une étroite bande de papier sur laquelle, de sa grande écriture allongée et pointue, qui rappelait celle de madame de Sévigné, le poète avait tracé au crayon un seul mot, un nom : *Bellérophon*. Héros fabuleux ou navire historique, que signifiait ce nom ? Vigny songeait-il, en l'écrivant, à Napoléon trouvant les bornes des grandeurs de chair, ou bien se disait-il : « Le cavalier mélancolique porté par Pégase n'a point, quoi qu'en aient dit les Grecs, tué le monstre terrible et charmant que, la sueur au front, la gorge brûlante et les pieds en sang, nous poursuivons éperdument, la Chimère ? »

*
* *

La tristesse philosophique s'est plus d'une fois exprimée avec une morne magnificence. Comme les croyants parvenus à un haut degré de beauté morale goûtent les joies du renoncement, le savant, persuadé que tout autour de nous n'est qu'apparence et duperie, s'enivre de cette mélancolie philosophique et s'oublie dans les délices d'un calme désespoir. Douleur profonde et belle, que ceux qui l'ont goûtée n'échangeraient pas contre les gaietés frivoles et les vaines espérances du vulgaire. Et les contradicteurs qui, malgré la beauté esthétique de ces pensées, les trouveraient funestes à l'homme et aux nations, suspendront peut-être l'anathème quand on leur montrera la doctrine de l'illusion universelle et de l'écoulement des choses naissant à l'âge d'or de la philosophie grecque avec Xénophane et se perpétuant à travers l'humanité polie, dans les intelligences les plus hautes, les plus sereines, les plus douces, un Démocrite, un Épicure, un Gassendi.

*
* *

Je sais une petite fille de neuf ans plus sage que les sages. Elle me disait tout à l'heure :

« On voit dans les livres ce qu'on ne

peut pas voir en réalité, parce que c'est trop loin ou parce que c'est passé. Mais ce qu'on voit dans les livres, on le voit mal, et tristement. Et les petits enfants ne doivent pas lire des livres. Il y a tant de choses bonnes à voir, et qu'ils n'ont pas vues : les lacs, les montagnes, les rivières, les villes et les campagnes, la mer et les bateaux, le ciel et les étoiles ! »

Je suis bien de son avis. Nous avons une heure à vivre, pourquoi nous charger de tant de choses ? Pourquoi tant apprendre, puisque nous savons que nous ne saurons jamais rien ? Nous vivons trop dans les livres et pas assez dans la nature, et nous ressemblons à ce niais de Pline le Jeune qui étudiait un orateur grec pendant que sous ses yeux le

Vésuve engloutissait cinq villes sous la cendre.

*
* *

Y a-t-il une histoire impartiale ? Et qu'est-ce que l'histoire ? La représentation écrite des événements passés. Mais qu'est-ce qu'un événement ? Est-ce un fait quelconque ? Non pas ! c'est un fait notable. Or, comment l'historien juge-t-il qu'un fait est notable ou non ? Il en juge arbitrairement, selon son goût et son caractère, à son idée, en artiste enfin. Car les faits ne se divisent pas, de leur propre nature, en faits historiques et en faits non historiques. Un fait est quelque chose d'infiniment complexe. L'historien présentera-t-il les faits dans leur complexité ? Cela est impossible. Il les représentera dénués de presque toutes les particularités qui les constituent, par conséquent tronqués, mutilés, différents de ce qu'ils furent. Quant aux rapports des faits entre eux, n'en parlons pas. Si un fait dit historique est amené, ce qui est possible, ce qui est probable, par un ou plusieurs faits non historiques, et par cela même inconnus, comment l'historien pourra-t-il marquer la relation de ces faits et leur enchaînement ? Et je suppose dans tout ce que je dis là que l'historien a sous les yeux des témoignages certains, tandis qu'en réalité on le trompe et qu'il n'accorde sa confiance à tel ou tel témoin que par des raisons de sentiment. L'histoire n'est pas une science, c'est un art. On n'y réussit que par l'imagination.

※
※ ※

« C'est beau, un beau crime ! » s'écria un jour J.-J. Weiss dans un grand journal. Le mot fit scandale parmi les lecteurs ordinaires. Je sais un digne homme de magistrat, un bon vieillard, qui rendit le lendemain la feuille au porteur. C'était un abonné de plus de trente années, et il était dans l'âge où l'on n'aime pas à changer ses habitudes. Mais il n'hésita pas à faire ce sacrifice à la morale professionnelle. C'est, je crois, l'affaire Fualdès qui avait inspiré à J.-J. Weiss une si généreuse admiration.

Je ne veux scandaliser personne. Je ne saurais. Il y faut une grâce audacieuse que je n'ai point. Pourtant je confesse que le maître avait raison et que c'est beau, un beau crime.

Les causes célèbres ont sur chacun de nous un attrait irrésistible. Ce n'est pas trop de dire que le sang répandu est pour moitié dans la poésie de l'humanité. Macbeth et Chopart dit l'Aimable sont les rois de la scène. Le goût des légendes scélérates est inné dans l'homme. Interrogez les petits enfants : ils vous diront tous que si Barbe-Bleue n'avait pas tué ses femmes, son histoire en serait moins jolie. En face d'une ténébreuse affaire d'assassinat, l'esprit ressent une curiosité étonnée.

Il s'étonne, parce que le crime est de soi-même étrange, mystérieux et monstrueux ; il s'intéresse, parce qu'il retrouve dans tous les crimes ce vieux fonds de faim et d'amour sur lequel, bons ou mauvais, nous vivons tous. Le criminel semble venu de très loin. Il nous rapporte une image épouvantable de l'humanité des bois et des cavernes. Le génie des races primitives revit en lui. Il garde des instincts qu'on croyait perdus ; il a des ruses que notre sagesse ignore. Il est poussé par des appétits qui sommeillent en nous autres. Il est encore une bête et déjà un homme. De là l'admiration indignée qu'il nous inspire. Le spectacle du crime est à la fois dramatique et philosophique. Il est pittoresque aussi, il séduit par des groupements bizarres, des ombres farouches entrevues sur les murs, quand tout dort, des haillons tragiques, des expressions de visage dont le secret irrite.

Rustique et rampant sur la terre nourricière qu'il abreuve depuis tant de siècles, le crime s'associe aux noires magies de la nuit, au silence amical de la lune, aux terreurs éparses dans la nature, aux mélancolies des champs et des rivières. Faubourien et caché dans la foule, il prend les nerfs par une odeur de bouge et d'alcool, un goût de pourriture et des accents inouïs d'infamie. Dans le monde, je veux dire dans la société bourgeoise, où il est rare, il s'habille comme nous, il parle comme nous, et c'est peut-être sous cette figure équivoque et vulgaire qu'il occupe le plus fortement les imaginations. Le crime en habit noir est celui que le peuple préfère.

Le charme qui touche le plus les âmes est le charme du mystère. Il n'y a pas de beauté sans voiles, et ce que nous préférons, c'est encore l'inconnu. L'existence serait intolérable si l'on ne rêvait jamais. Ce que la vie a de meilleur, c'est l'idée qu'elle nous donne de je ne sais quoi qui n'est point en elle. Le réel nous sert à fabriquer tant bien que mal un peu d'idéal. C'est peut-être sa plus grande utilité.

*
* *

« Cela est un signe du temps, » dit-on à chaque instant. Mais il est très difficile de découvrir les vrais signes du temps. Il y faut une connaissance du présent ainsi que du passé et une philosophie générale que nous n'avons ni les uns ni les autres. Il m'est arrivé plusieurs fois de saisir certains petits faits qui se passaient sous mes yeux et de leur trouver une physionomie originale dans laquelle je me plaisais à discerner l'esprit de cette époque. « Ceci, me disais-je, devait se produire aujourd'hui et ne pouvait être autrefois. C'est un signe du temps. » Or, j'ai retrouvé neuf fois sur dix le même fait avec des circonstances analogues dans de vieux mémoires ou dans de vieilles histoires. Il y a en nous un fonds d'humanité qui change moins qu'on ne croit. Nous différons très peu, en somme, de nos grands-pères. Pour que nos goûts et nos sentiments se transforment, il est nécessaire que les organes qui les produisent se transforment eux-mêmes. C'est l'ouvrage des siècles. Il faut des centaines et des milliers d'années pour altérer sensiblement quelques-uns de nos caractères.

Nous n'enfermons plus notre croyance dans les vieux dogmes. Pour nous, le

Verbe ne s'est pas révélé seulement sur la sainte montagne dont parle l'Écriture. Le ciel des théologiens nous apparaît désormais peuplé de vains fantômes. Nous savons que la vie est brève, et, pour la prolonger, nous y mettons le souvenir des temps qui ne sont plus. Nous n'espérons plus en l'immortalité de la personne humaine; pour nous consoler de cette croyance morte, nous n'avons que le rêve d'une autre immortalité, insaisissable celle-là, éparse, qu'on ne peut goûter que par avance, et qui, d'ailleurs, n'est promise qu'à bien peu d'entre nous, l'immortalité des âmes dans la mémoire des hommes.

*
* *

Nous n'avons rien à faire en ce monde qu'à nous résigner. Mais les nobles créatures savent donner à la résignation le beau nom de contentement. Les grandes âmes se résignent avec une sainte joie. Dans l'amertume du doute, au milieu du mal universel, sous le ciel vide, elles savent garder intactes les antiques vertus des fidèles. Elles croient, elles veulent croire. La charité du genre humain les échauffe. C'est peu encore. Elles conservent pieusement cette vertu que la théologie chrétienne mettait dans sa sagesse au-dessus de toutes les autres, parce qu'elle les suppose ou les remplace :

l'espérance. Espérons, non point en l'humanité qui, malgré d'augustes efforts, n'a pas détruit le mal en ce monde, espérons dans ces êtres inconcevables qui sortiront un jour de l'homme, comme l'homme est sorti de la brute. Saluons ces génies futurs. Espérons en cette universelle angoisse dont le transformisme est la loi matérielle. Cette angoisse féconde, nous la sentons croître en nous; elle nous fait marcher vers un but inévitable et divin.

*
* *

Les vieillards tiennent beaucoup trop à leurs idées. C'est pourquoi les naturels des îles Fidji tuent leurs parents quand ils sont vieux. Ils facilitent ainsi l'évolution, tandis que nous en retardons la marche en faisant des académies.

L'ennui des poètes est un ennui doré, ne les plaignez pas trop; ceux qui chantent savent charmer leur désespoir; il n'est telle magie que la magie des mots. Les poètes se consolent, comme les enfants, avec des images.

En amour, il faut aux hommes des formes et des couleurs ; ils veulent des images. Les femmes ne veulent que des sensations. Elles aiment mieux que nous, elles sont aveugles. Et si vous pensez à la lampe de Psyché, à la goutte d'huile, je vous dirai que Psyché n'est pas la femme, Psyché est l'âme. Ce n'est pas la même chose. C'est même le contraire. Psyché était curieuse de voir, et les femmes ne sont curieuses que de sentir. Psyché cherchait l'inconnu. Quand les femmes cherchent, ce n'est pas l'inconnu qu'elles cherchent. Elles veulent retrouver, voilà tout, retrouver leur rêve ou leur souvenir, la sensation pure. Si elles avaient des yeux, comment parviendrait-on à s'expliquer leurs amours?

⁎

A Édouard Rod.

SUR LES COUVENTS DE FEMMES

Il est pénible de voir une jeune fille mourir volontairement au monde. Le couvent effraye tout ce qui n'y entre pas. Au milieu du xiv° siècle de l'ère chrétienne, une jeune Romaine nommée Blésilla fit dans un monastère de tels jeûnes qu'elle en mourut. Le peuple furieux, suivit le cercueil en criant : « Chassons, chassons de la ville cette détestable race des moines ! Pourquoi ne les lapide-t-on pas ? Pourquoi ne les jette-t-on pas dans la rivière ? » Et lorsque, quatorze cents ans plus tard, Chateaubriand exalta, par la bouche du père Aubry, les filles qui ont « sanctifié leur beauté aux chefs-d'œuvre de la pénitence et mutilé cette chair révoltée dont les plaisirs ne sont que des douleurs », l'abbé Morellet, qui était un vieux philosophe, entendit avec impatience ces louanges de la vie cénobitique et s'écria : « Si ce n'est pas là du fanatisme, je demande à l'auteur de me donner sa définition ! » Que nous enseignent ces interminables querelles, sinon que la vie religieuse fait peur à la nature et que cependant elle a des raisons d'être et de durer ? Le peuple et les philosophes n'entrent pas toujours dans ces raisons. Elles sont profondes et touchent aux plus grands mystères de la nature humaine. Le cloître a été pris d'assaut et renversé. Ses ruines désertes se sont repeuplées. Certaines âmes y vont par une pente naturelle ; ce sont des âmes claustrales. Parce qu'elles sont inhumaines et pacifiques, elles quittent le monde et descendent avec joie dans le silence et la paix. Plusieurs sont nées lasses ; elles n'ont point de curiosité. Elles se traînent inertes et sans désir. Ne sachant ni vivre ni mourir, elles embrassent la vie religieuse comme une moindre vie et comme une moindre mort. D'autres sont amenées au cloître par des raisons détournées. Elles ne prévoyaient pas le but. Innocentes blessées, une déception précoce, un deuil

secret du cœur, leur a gâté l'univers.
Leur vie ne portera point de fruits ; le
froid en a séché la fleur. Elles ont eu trop
tôt le sentiment du mal universel. Elles
se cachent pour pleurer. Elles veulent
qu'on les oublie. Elles veulent oublier...
Ou plutôt, elles aiment leur douleur et
elles la mettent à l'abri des hommes et
des choses. Il en est d'autres enfin qu'attire au couvent le zèle du sacrifice et qui
veulent se donner tout entières, dans un
abandon plus grand encore que celui de
l'amour. Celles-là, plus rares, sont les
vraies épouses de Jésus-Christ. L'Église
leur prodigue les doux noms de lis et de
rose, de colombe et d'agneau : elle leur
promet, par la bouche de la Reine des
Vierges, la couronne d'étoiles et le trône

de candeur. Mais prenons garde de renchérir sur les théologiens. Aux époques de foi, on ne s'échauffait guère sur les vertus mystiques des religieuses. Je ne parle pas du peuple, à qui les nonnes ont toujours été suspectes et qui a fait sur elles des contes joyeux. Je parle du clergé séculier, dont les jugements étaient fort mélangés. N'oublions pas que la poésie des cloîtres date de Chateaubriand et de Montalembert.

Il faut aussi considérer que les communautés diffèrent tout à fait selon les temps et les pays et qu'on ne peut les réunir toutes dans un même jugement. Le couvent fut longtemps en Occident la ferme, l'école, l'hôpital et la bibliothèque. Il y eut des couvents pour conserver la science, d'autres pour conserver l'ignorance. Il y en eut pour le travail comme pour l'oisiveté.

J'ai visité, il y a quelques années, la montagne sur laquelle sainte Odile, fille d'un duc d'Alsace, éleva au milieu du xiie siècle un monastère dont la mémoire est restée dans l'âme du peuple alsacien. Cette fille forte chercha et trouva les moyens d'adoucir autour d'elle le grand mal de vivre dont souffraient alors les pauvres gens. Aidée par d'habiles collaboratrices et servie par des serfs nombreux, elle défricha, cultiva les terres, éleva des bestiaux, mit les récoltes à l'abri des pillards. Elle fut prévoyante pour les imprévoyants. Elle enseigna la sobriété aux buveurs de cervoise, la douceur aux violents, une bonne économie à tous. Est-il possible de découvrir une ressemblance entre ces vierges robustes et pures des temps barbares, ces royales métayères, et les abbesses qui, sous Louis XV, mettaient des mouches pour aller à l'office et parfumaient de poudre à la maréchale les lèvres des abbés qui leur baisaient les doigts ?

Et même alors, même en ces jours de scandale, quand la noblesse jetait dans les abbayes des cadettes révoltées, il y avait de bonnes âmes sous les grilles des maisons conventuelles. J'ai surpris les secrets de l'une d'elles. Qu'elle me pardonne ! C'est l'an passé, chez Legoubin, libraire sur le quai Malaquais. Je trouvai un vieux manuel de confession à l'usage des religieuses. Une inscription mise sur le titre, à main reposée, m'apprit qu'en 1779 ce livre appartenait à sœur Anne, religieuse soumise à la règle des Feuillantines. Il était rédigé en français et avait ceci de remarquable que chaque péché était imprimé sur une petite fiche collée au feuillet par le bord seulement. Pendant l'examen de conscience, dans la chapelle, la pénitente n'avait besoin ni de plume ni de crayon pour noter ses fautes graves ou légères. Il lui suffisait de corner la petite bande portant mention d'un péché qu'elle avait commis. Et dans le confessionnal, aidée de son livre, qu'elle suivait de corne en corne, sœur Anne ne risquait pas d'oublier quelque manquement aux commandements de Dieu ou à ceux de l'Église.

Or, dans le moment que je trouvai ce petit livre chez mon ami Legoubin, je vis que plusieurs coulpes y étaient marquées d'un pli unique. C'étaient les coulpes extraordinaires de sœur Anne. D'autres avaient été cornées bien des fois et les angles du papier étaient tout usés. C'étaient là les péchés mignons de sœur Anne.

Comment en douter? Le livre n'avait pas servi depuis la dispersion des religieuses en 1790. Il était encore plein des pieuses images et des prières historiées que la bonne fille avait glissées entre les pages.

Je connus de la sorte l'âme de sœur Anne. Je n'y trouvai que des péchés innocents s'il en fut, et j'ai grand espoir que sœur Anne est assise aujourd'hui à la droite du Père. Jamais cœur plus pur n'a battu sous la robe blanche des Feuillantines. Je me figure cette sainte fille d'aspect candide, un peu grasse, se promenant à pas lents entre les carrés de choux du jardin conventuel, et marquant sans trouble, de son doigt blanc, sur le livre, ses péchés aussi réguliers que sa vie : paroles vaines, distractions dans les assemblées, distractions aux offices, désobéissances légères et sensualité dans les repas. Ce dernier trait me touche jusqu'aux larmes. Sœur Anne mangeait avec sensualité des racines cuites à l'eau. Elle n'était point triste. Elle ne doutait point. Elle ne tenta jamais Dieu. Ces péchés-là n'ont point de corne dans le petit livre. Religieuse, elle avait le cœur monastique. Sa destinée était conforme à sa nature. Voilà le secret de la sagesse de sœur Anne.

Je ne sais, mais je crois bien qu'il y a beaucoup de sœurs Anne aujourd'hui dans les couvents de femmes. J'aurais plusieurs reproches à faire aux moines ; j'aime mieux dire tout de suite que je ne les aime pas beaucoup. Quant aux religieuses, je crois qu'elles ont pour la plupart, comme sœur Anne, un cœur monastique, dans lequel abondent les grâces de leur état.

Et pourquoi sans cela seraient-elles entrées au couvent ? Aujourd'hui, elles n'y sont plus jetées par l'orgueil et l'avarice de leur famille. Elles prennent le voile parce qu'il leur convient de le prendre. Elles le quitteraient s'il leur plaisait de le quitter, et vous voyez qu'elles le gardent. Les dragons philosophes, qu'on voit forçant les clôtures dans les vaudevilles de la Révolution, avaient vite fait d'invoquer la nature et de marier les nonnes. La nature est plus vaste que ne croient les dragons philosophes ; elle réunit le sensualisme et l'ascétisme dans son sein immense ; et quant aux couvents, il faut bien que le monstre soit aimable, puisqu'il est aimé et qu'il ne dévore plus que des victimes volontaires. Le couvent a ses charmes. La chapelle, avec ses vases dorés et ses roses en papier, une sainte Vierge peinte de couleurs naturelles et éclairée par une lumière pâle et mystérieuse comme le clair de lune, les chants et l'encens et la voix du prêtre, voilà les premières séductions du cloître ; elles l'emportent quelquefois sur celles du monde.

C'est que ces choses ont une âme et qu'elles contiennent toute la somme de poésie accessible à certaines natures. Sédentaire et faite pour une vie discrète, humble, cachée, la femme se trouve tout d'abord à son aise au couvent. L'atmosphère en est tiède, un peu lourde ; elle procure aux bonnes filles les délices d'une lente asphyxie. On y goûte un demi-sommeil. On y perd la pensée. C'est un grand débarras. En échange, on y gagne la certitude. N'est-ce pas, au point

de vue pratique, une excellente affaire ?
Je compte pour peu les titres d'épouse
mystique de Jésus, de vase d'élection et
de colombe immaculée. On n'a guère
d'exaltation dans les communautés. Les
vertus y vont leur petit train. Tout,
jusqu'au sentiment du divin, y garde un
prudent terre-à-terre. Pas d'envolée. Le
spiritualisme, dans sa sagesse, s'y maté-
rialise autant qu'il peut, et il le peut
beaucoup plus qu'on ne pense communément. La grande affaire de la vie y
est si bien divisée en une suite de petites
affaires que l'exactitude supplée à tout.
Rien ne rompt jamais la trame égale de
l'existence. Le devoir y est très simple.
La règle le trace. Il y a là de quoi
satisfaire les âmes timides, douces et

obéissantes. Une telle vie tue l'imagination et non pas la gaieté. Il est rare de rencontrer l'expression d'une tristesse profonde sur le visage d'une religieuse.

A l'heure qu'il est, on chercherait vainement dans les couvents de France une Virginie de Leyva ou une Giulia Carraciolo, victimes révoltées, respirant avec ivresse à travers les grilles du cloître les parfums de la nature et du monde. On n'y trouverait pas non plus, je crois, une sainte Thérèse ou une sainte Catherine de Sienne. L'âge héroïque des couvents est à jamais passé. L'ardeur mystique s'éteint. Les causes qui jetaient tant d'hommes et de femmes dans les monastères n'existent plus. Aux temps de violence, quand l'homme, mal assuré de goûter les fruits de son travail, se réveillait sans cesse aux cris de mort, aux lueurs de l'incendie, quand la vie était un cauchemar, les plus douces âmes s'en allaient rêver du ciel dans des maisons qui s'élevaient comme de grands navires au-dessus des flots de la haine et du mal. Ces temps ne sont plus. Le monde est devenu à peu près supportable. On y reste plus volontiers. Mais ceux qui le trouvent encore trop rude et trop peu sûr sont libres, après tout, de s'en retirer. L'Assemblée constituante avait eu tort de le contester, et nous avons eu raison de l'admettre en principe.

J'ai l'honneur de connaître la supérieure d'une communauté dont la maison-mère est à Paris. C'est une femme de bien et qui m'inspire un sincère respect. Elle me contait, il y a peu de temps, les derniers moments d'une de ses religieuses, que j'avais connue dans le monde rieuse et jolie, et qui était allée s'éteindre de phtisie au couvent.

« Elle a fait une sainte mort, me dit la supérieure. Elle se levait de son lit tous les jours de sa longue maladie, et deux sœurs converses la portaient à la chapelle. Elle y priait encore le matin de sa délivrance. Un cierge allumé devant l'image de saint Joseph s'égouttait sur le parquet. Elle donna l'ordre à une des sœurs converses de redresser ce cierge. Puis elle se renversa en arrière, poussa un grand soupir et entra en agonie. On l'administra. Elle ne put témoigner que par le mouvement de ses yeux de la piété avec laquelle elle recevait les sacrements des morts.

Ce petit récit me fut fait avec une admirable simplicité. La mort est l'acte le plus important de la vie religieuse. Mais l'existence cénobitique y prépare si bien qu'il ne reste pas plus à faire en ce moment-là qu'en tout autre. On redresse un cierge qui s'égouttait et l'on meurt. Il n'en fallait pas plus pour compléter une sainteté minutieuse.

DE L'ENTRETIEN QUE J'EUS CETTE NUIT AVEC UN FANTÔME SUR LES ORIGINES DE L'ALPHABET

Dans le silence de la nuit, j'écrivais, j'écrivais depuis longtemps. Renvoyant sur ma table la lumière de la lampe, l'abat-jour laissait dans l'ombre les livres qui montent en étages sur les quatre faces du cabinet de travail. Le feu mourant semait dans les cendres ses derniers rubis. Les âcres vapeurs du tabac épaississaient l'air ; devant moi, dans une coupe, sur un monceau de cendres, une dernière cigarette élevait tout droit sa mince fumée bleue. Et les ténèbres de cette chambre étaient mystérieuses, parce qu'on y sentait confusément l'âme de tous les livres endormis. Ma plume sommeillait entre mes doigts et je songeais à des choses très anciennes, quand de la fumée de ma cigarette, comme des vapeurs d'une herbe magique, sortit un personnage étrange : ses cheveux bouclés, ses yeux longs et luisants, son nez busqué, ses lèvres épaisses, sa barbe noire, frisée à la mode assyrienne, son teint de bronze clair, l'expression de ruse et de sensualité cruelle empreinte sur son visage, les formes trapues de son corps et ses riches vêtements révélaient un de ces Asiatiques appelés barbares par les Hellènes. Il était coiffé d'un bonnet bleu fait comme une tête de poisson et semé d'étoiles. Il portait une robe pourpre, brodée de figures d'animaux, et tenait d'une main un aviron, de l'autre des tablettes. Je ne me troublai point à sa vue. Que des fantômes apparaissent dans une bibliothèque, rien de plus naturel. Où se montreraient les ombres des morts, sinon au milieu des signes qui gardent leur souvenir? J'invitai l'étranger à s'asseoir. Il n'en fit rien.

— Laissez, me dit-il, et faites comme si je n'étais pas là, je vous prie. Je suis venu regarder ce que vous écriviez sur ce mauvais papier. J'y prends plaisir; non que je me soucie en aucune façon des idées que vous pouvez exprimer. Mais les caractères que vous tracez m'intéressent infiniment. En dépit des altérations qu'elles ont subies en vingt-huit siècles d'usage, les lettres qui sortent de votre plume ne me sont point étrangères. Je reconnais ce b qui, de mon temps, s'appelait *beth*, c'est-à-dire *maison*. Voici l'l., que nous nommions *lamed*, parce qu'il était en forme d'aiguillon. Ce g vient de notre *gimel*, au cou de chameau, et cet a, sort de notre *aleph*, en tête de bœuf. Quant au d que je vois là, il représenterait aussi fidèlement que le *daleth*, qui lui a donné naissance, l'entrée triangulaire de la tente plantée dans le sable du désert, si par un trait cursif vous n'aviez arrondi les contours de ce signe d'une vie antique et nomade. Vous avez altéré le *daleth* ainsi que toutes les autres lettres de mon alphabet. Mais je ne vous le reproche pas. C'était pour aller plus vite. Le temps est précieux. Le temps, c'est de la poudre d'or, des dents d'éléphant et des plumes d'autruche. La vie est courte. Il faut, sans perdre un moment, négocier et naviguer, afin de gagner des richesses, pour vieillir heureux et respecté.

— Monsieur, lui dis-je, à votre aspect comme à vos discours, je vous reconnais pour un vieux Phénicien.

Il me répondit simplement :

— Je suis Cadmus, l'ombre de Cadmus.

— En ce cas, répliquai-je, vous n'existez pas proprement. Vous êtes mythique et allégorique. Car il est impossible de donner créance à tout ce que les Grecs ont dit de vous. Ils content que vous avez tué, au bord de la fontaine d'Arès, un dragon dont la gueule vomissait des flammes, et qu'ayant arraché les dents du monstre vous les avez semées dans la terre où elles se changèrent en hommes. Ce sont des contes, et vous-même, monsieur, vous êtes fabuleux.

— Que je le sois devenu dans la suite des âges, il se peut, et que ces grands enfants que vous nommez les Grecs aient mêlé des fables à ma mémoire, je le crois, mais je n'en ai nul souci. Je ne me suis jamais inquiété de ce qu'on penserait de moi après ma mort; mes craintes et mes espérances n'allaient point au delà de cette vie dont on jouit sur la terre, et qui est la seule que je connaisse encore aujourd'hui. Car je n'appelle pas vivre flotter comme une vaine ombre dans la poussière des bibliothèques et apparaître vaguement à M. Ernest Renan ou à M. Philippe Berger. Et cet état de fantôme me semble d'autant plus triste que j'ai mené, de mon vivant, l'existence la plus active et la mieux remplie. Je ne m'amusais point à semer dans les champs béotiens des dents de serpent, à moins que ces dents ne fussent les haines et l'envie que faisaient naître dans l'âme des pâtres du Cythéron ma richesse et ma puissance. J'ai navigué toute ma vie. Dans mon vaisseau noir, qui portait à sa proue un nain rouge et monstrueux, gardien de mes trésors, observant les sept Cabires qui voguent par le ciel en leur barque étincelante, guidant ma route sur cette étoile immobile que les Grecs nommaient, à cause de moi, la Phénicienne, j'ai sillonné toutes les mers et abordé tous les rivages ; je suis allé chercher l'or de la Colchide, l'acier des Chalybes, les perles d'Ophir, l'argent de Tartesse ; j'ai pris en Bétique le fer, le plomb, le cinabre, le miel, la cire et la poix, et, franchissant les bornes du monde, j'ai couru sous les brumes de l'Océan jusqu'à l'île sombre des Bretons, dont je suis revenu vieux, les cheveux blancs, riche de l'étain que les Égyptiens, les Hellènes et les Italiotes m'achetèrent au poids de l'or. La Méditerranée était alors mon lac. J'ai fondé sur ses côtes encore sauvages des centaines de comptoirs, et cette fameuse

Thèbes n'est qu'une citadelle où je gardais de l'or. J'ai trouvé en Grèce des sauvages armés de bois de cerf et de pierres éclatées. Je leur ai donné le bronze, et c'est par moi qu'ils ont connu tous les arts.

On sentait dans son regard et dans ses paroles une dureté blessante, je lui répondis sans amitié :

— Oh ! vous étiez un négociant actif et intelligent. Mais vous n'aviez point de scrupules, et vous vous conduisiez, à l'occasion, en vrai pirate. Quand vous abordiez sur une côte de la Grèce ou des îles, vous aviez soin d'étaler sur le rivage des parures et de riches étoffes, et si les filles de la côte, conduites par un invincible attrait, venaient seules, à l'insu de leurs parents, contempler les choses désirées, vos marins enlevaient ces vierges qui criaient et pleuraient en vain, et ils les jetaient, liées et frémissantes, dans le fond de vos vaisseaux, à la garde du nain rouge. N'avez-vous point ainsi, vous et les vôtres, volé la jeune Io, fille du roi Inachos, pour la vendre en Egypte?

— C'est bien probable. Ce roi Inachos était le chef d'une petite tribu sauvage. Sa fille était blanche, avec des traits fins et purs. Les relations entre les sauvages et les hommes civilisés ont été les mêmes de tout temps.

— Il est vrai; mais vos Phéniciens ont commis des vols inouïs dans le monde. Ils n'ont pas craint de dérober des sarcophages et de dépouiller les hypogées égyptiens pour enrichir leurs nécropoles de Gébal.

— De bonne foi, monsieur, sont-ce là des reproches à faire à un homme très ancien, à celui que Sophocle appelait déjà l'antique Cadmus? Il y a cinq minutes à peine que nous causons ensemble dans votre cabinet et vous oubliez tout à fait que je suis votre aîné de vingt-huit siècles. Reconnaissez en moi, cher monsieur, un vieux Chananéen qu'il ne faut pas chicaner sur quelques caisses de momies et quelques filles de sauvages volées en Égypte ou en Grèce. Admirez plutôt la force de mon intelligence et la beauté de mon industrie. Je vous ai parlé de mes navires. Je pourrais vous montrer mes caravanes allant chercher dans le Yemen l'encens et la myrrhe, dans le Harran les pierreries et les épices, en Ethiopie l'ivoire et l'ébène. Mais mon activité ne s'exerçait pas seulement dans l'échan~~ et le négoce. J'étais un manufacturier ha.. ⸴, alors que le monde autour de moi sommeillait dans la barbarie. Métallurgiste, teinturier, verrier, joaillier, j'exerçais mon génie dans ces arts du feu, si merveilleux qu'ils semblent magiques. Regardez les coupes que j'ai ciselées et admirez le goût délicat du vieux bijoutier de Chanaan ! Et je n'étais pas moins admirable dans les travaux agricoles. De cette étroite bande de terre resserrée entre le Liban et la mer, j'ai fait un jardin délicieux. On y retrouve encore les citernes que j'ai creusées. Un de vos maîtres a dit : « Seul l'homme de

Chanaan pouvait bâtir des pressoirs pour l'éternité. » Connaissez mieux le vieux Cadmus. J'ai fait passer tous les peuples méditerranéens de l'âge de pierre à l'âge de bronze. J'ai appris à vos Grecs les principes de tous les arts. En échange du blé, du vin et des peaux de bête qu'ils m'apportaient, je leur ai donné des coupes où se baisaient des colombes et des figurines de terre, qu'ils ont copiées depuis, en les arrangeant à leur goût. Enfin, je leur ai donné un alphabet sans lequel ils n'auraient pu ni fixer ni même préciser leurs pensées que vous admirez. Voilà ce qu'a fait le vieux Cadmus. Il l'a fait non par la charité du genre humain ni par désir d'une vaine gloire, mais pour l'amour du lucre et en vue d'un profit tangible et certain. Il l'a fait pour s'enrichir et avec l'envie de boire pendant sa vieillesse du vin dans des coupes d'or, sur une table d'argent, au milieu de femmes blanches dansant des danses voluptueuses et jouant de la harpe. Car le vieux Cadmus ne croit ni à la bonté ni à la vertu. Il sait que les hommes sont mauvais et que, plus puissants que les hommes, les dieux sont pires. Il les craint; il s'efforce de les apaiser par des sacrifices sanglants. Il ne les aime point. Il n'aime que lui-même. Je me peins tel que je suis. Mais considérez que, si je n'avais pas recherché les violents plaisirs des sens, je n'aurais pas travaillé pour m'enrichir, je n'aurais pas inventé les arts dont vous jouissez encore aujourd'hui. Et puisqu'enfin, cher monsieur, n'ayant pas assez d'esprit pour devenir marchand, vous êtes scribe et faites des écritures à la manière des Grecs, vous devriez m'honorer à l'égal d'un dieu, moi, à qui vous devez l'alphabet. J'en suis l'inventeur. Vous pensez bien que je ne l'ai créé que pour la commodité de mon commerce et sans prévoir le moins du monde l'usage qu'en feraient plus tard les peuples littéraires. Il me fallait un système de notation simple et rapide. Je l'eusse volontiers pris à mes voisins, ayant l'habitude de tirer d'eux tout ce qui pouvait me convenir. Je ne me pique pas d'originalité, ma langue est celle des sémites; ma sculpture est tantôt égyptienne et tantôt babylonienne. Si j'avais ou une bonne écriture sous la main, je ne me serais pas mis en frais d'invention sur cette matière. Mais ni les hiéroglyphes des peuples que vous nommez aujourd'hui, sans les connaître, Hittites ou Hétéens, ni l'écriture sacrée des Égyptiens ne répondaient à mes besoins. C'étaient là des écritures compliquées et lentes, mieux faites pour s'étendre sur les murailles des temples et des tombeaux que pour se presser sur les tablettes d'un négociant. Même abrégée et cursive, l'écriture des scribes égyptiens gardait encore, de son type premier, la lourdeur, l'embarras et l'indécision. Le système tout entier était mauvais. L'hiéroglyphe simplifié restait encore l'hiéroglyphe, c'est-à-dire quelque chose de terriblement confus. Vous savez comment les Égyptiens mêlaient dans leurs hiéroglyphes, tant parfaits qu'abrégés, les signes représentant des idées aux signes représentant des sons. Par un coup de génie, je pris vingt-deux de ces signes innombrables et j'en fis les vingt-deux lettres de mon alphabet. Des lettres, c'est-à-dire des signes correspondant chacun à un son unique, et fournissant par leur association prompte et facile le moyen de peindre fidèlement tous les sons ! N'était-ce point ingénieux ?

— Oui, sans doute, c'était ingénieux, et plus encore que vous ne croyez. Et nous vous devons un présent inestimable. Car sans l'alphabet point de notation exacte du discours, point de style, partant point de pensée un peu délicate, point

d'abstractions, point de philosophie subtile.
Il serait aussi absurde d'imaginer Pascal
écrivant les *Provinciales* en caractères
cunéiformes que de croire que le Zeus
d'Olympie a été sculpté par un phoque.
Inventé pour tenir des livres de commerce,
l'alphabet phénicien est devenu dans le
monde entier l'instrument nécessaire et
parfait de la pensée, et l'histoire de ses
transformations est intimement liée à
celle du développement de l'esprit humain.
Votre invention est infiniment belle et
précieuse, encore qu'imparfaite. Car vous
n'avez pas songé aux voyelles, et ce sont
les Grecs ingénieux qui les ont trouvées.
Leur part en ce monde était de porter
toutes choses à la perfection.

— Les voyelles, je vais vous dire

j'ai toujours eu la mauvaise habitude de les brouiller et de les confondre. Vous vous en êtes peut-être aperçu ce soir : le vieux Cadmus parle un peu de la gorge.

— Je le lui pardonne, je lui pardonnerais presque le rapt de la vierge Io, puisque enfin son père Inachos n'était qu'un chef de sauvages portant pour sceptre un bois de cerf, sculpté à la pointe du silex. Je lui pardonnerais même d'avoir fait connaître aux Béotiens pauvres et vertueux les danses frénétiques des Bacchantes, je lui pardonnerais tout, pour avoir donné à la Grèce et au monde le plus précieux des talismans, les vingt-deux lettres de l'alphabet phénicien. De ces vingt-deux lettres sont sortis tous les alphabets de l'univers. Il n'est point de pensée sur cette terre qu'ils ne fixent et ne gardent. De votre alphabet, divin Cadmus, sont sorties les écritures grecques et italiotes, qui ont donné naissance à toutes les écritures européennes. De votre alphabet encore sont issues toutes les écritures sémitiques, depuis l'araméen et l'hébreu jusqu'au syriaque et à l'arabe. Et ce même alphabet phénicien est le père des alphabets hymiarite et éthiopien et de tous les alphabets du centre de l'Asie, zend et pehlvi, et même de l'alphabet indien, qui a donné naissance au devanâgari et à tous les alphabets de l'Asie méridionale. Quelle fortune! Quel succès universel! Il n'y a pas, à l'heure qu'il est, sur toute la surface de la terre une seule écriture qui ne dérive de l'écriture cadméenne. Quiconque en ce monde écrit un mot est tributaire des vieux marchands chananéens. A cette pensée, je suis tenté de vous rendre les plus grands honneurs, seigneur Cadmus, et je ne sais comment reconnaître la faveur que vous m'avez faite en passant une petite heure de nuit dans mon cabinet, vous, Baal Cadmus, inventeur de l'alphabet.

— Cher monsieur, modérez votre enthousiasme. Je suis assez content de ma petite invention. Mais ma visite n'a rien qui puisse vous flatter particulièrement. Je m'ennuie à mort depuis que, devenu une ombre vaine, je ne vends plus ni étain, ni poudre d'or, ni dents d'éléphant et que, sur cette terre où M. Stanley suit de loin mon exemple, je suis réduit à converser, de temps à autre, avec quelques savants ou curieux qui veulent bien s'intéresser à moi. Je crois entendre le chant du coq, adieu et tâchez de vous enrichir : les seuls biens de ce monde sont la richesse et la puissance.

Il dit et disparut. Mon feu s'était éteint, la fraîcheur de la nuit commençait à me saisir et j'avais très mal à la tête.

※
※ ※

Je ne partage pas du tout les mauvais sentiments des vaudevillistes à l'endroit des doctoresses. Si une femme a la vocation de la science, de quel droit lui reprocherons-nous d'avoir suivi sa voie ?

Comment blâmer cette noble et douce et sage Sophie Germain qui, aux soins du ménage et de la famille, préféra les méditations silencieuses de l'algèbre et de la métaphysique ? La science ne peut-elle avoir, comme la religion, ses vierges et ses diaconesses ? S'il est peu raisonnable de vouloir instruire toutes les femmes, l'est-il davantage de vouloir interdire à toutes les hautes spéculations de la pensée ? Et, à un point de vue tout pratique, la science n'est-elle pas, dans certains cas, pour une femme, une ressource précieuse ? Parce qu'il y a aujourd'hui plus d'institutrices qu'il n'en faut, devons-nous blâmer les jeunes filles qui se vouent à l'enseignement, malgré l'ineptie cruelle des programmes et la justice inique des concours? Puisqu'on a toujours reconnu aux femmes une exquise habileté à soigner les malades, puisqu'elles furent de tout temps des consolatrices et des guérisseuses, puisqu'elles fournissent à la société des infirmières et des sages-femmes, comment ne pas louer celles qui, non contentes de l'apprentissage nécessaire, poussent jusqu'au doctorat leurs études médicales et s'accroissent ainsi en dignité et en autorité?.

Il ne faut point se laisser emporter par la haine des précieuses et des pédantes. Il est de fait que rien n'est odieux comme une pédante. Pour ce qui est des précieuses, il faudrait distinguer. Le bel air ne messied pas toujours, et un certain goût de bien dire ne gâte pas une femme.

Si madame de Lafayette est une précieuse
(de son temps, elle passait pour telle), je
ne haïrai point les précieuses. Toute
affectation est détestable, celle du torchon
comme celle de la plume, et il y aurait
peu d'agrément à vivre dans la société
que rêvait Proudhon, où toutes les femmes seraient cuisinières et ravaudeuses.
Je veux bien qu'il soit moins naturel et,
partant, moins gracieux aux femmes de
composer un livre que de jouer la
comédie, mais une femme qui sait écrire
aurait tort de ne point le faire, si cela
n'embarrasse pas sa vie. Sans compter
que l'encrier pourra lui devenir un ami
quand il lui faudra franchir le pas douloureux pour entrer dans l'âge des sou-
venirs. Il est certain que, si les femmes

n'écrivent pas mieux que les hommes, elles écrivent autrement et laissent traîner sur le papier un peu de leur grâce divine. Pour ma part, je suis très reconnaissant à madame de Caylus et à madame de Staal-Delaunay d'avoir laissé des pattes de mouche immortelles.

Ce serait la moins philosophique des idées que de se figurer la science entrant dans le système moral d'une femme ou d'une fille comme un corps étranger, comme un élément perturbateur d'une puissance incalculable. Mais, s'il était naturel et légitime de vouloir instruire les jeunes filles, il est certain qu'on s'y est très mal pris. On commence heureusement à le reconnaître. La science est le lien de l'homme avec la nature. Elles ont besoin comme nous d'une part de connaissance. A la façon dont on a voulu les instruire, bien loin de multiplier leurs rapports avec l'Univers, on les a séparées et comme retranchées de la nature. On leur a enseigné des mots et non des choses, et on leur a mis dans la tête de longues nomenclatures d'histoire, de géographie et de zoologie qui n'ont par elles-mêmes aucune signification. Ces innocentes créatures ont porté leur faix et plus que leur faix de ces programmes iniques que l'orgueil démocratique et le patriotisme bourgeois élevèrent comme les Babels de la cuistrerie.

On était parti de l'idée absurde qu'un peuple est savant quand tout le monde y sait les mêmes choses, comme si la diversité des fonctions n'entraînait pas la diversité des connaissances, et comme s'il était profitable qu'un marchand sût ce que sait un médecin ! Cette idée se trouva féconde en erreurs ; notamment, elle en enfanta une autre encore plus méchante qu'elle. On s'imagina que les éléments des sciences spéciales sont utiles aux personnes destinées à n'en poursuivre ni les applications ni la théorie. On s'imagina que la terminologie avait en anatomie, par exemple, ou en chimie, une valeur propre, et qu'on était intéressé à la connaître, indépendamment de l'usage qu'en font les chirurgiens et les chimistes. Cette superstition est aussi folle que celle des vieux Scandinaves qui écrivaient en caractères runiques et s'imaginaient qu'il y a des mots assez puissants, si on les prononçait jamais, pour éteindre le soleil et réduire la terre en poudre.

On sourit de pitié en songeant à ces pédagogues qui enseignent aux enfants les mots d'une langue que ceux-ci n'entendront ni ne parleront jamais. Ils disent, ces barbacoles, qu'ils enseignent ainsi les éléments des sciences et donnent aux filles des clartés de tout. Mais qui ne voit qu'ils leur donnent seulement des ténèbres de tout et que, pour mettre des idées dans ces jeunes têtes, molles et légères, il faudrait user d'une tout autre méthode ? Montrez en peu de mots les grands objets d'une science, marquez-en les résultats par quelques exemples frappants. Soyez des généralisateurs, soyez des philosophes et cachez si bien votre philosophie qu'on vous croie aussi simples que les esprits auxquels vous parlez. Exposez sans jargon, dans la langue vulgaire et commune à tous, un petit nombre de faits qui frappent l'imagination et contentent l'intelligence. Que votre parole soit naïve, grande et généreuse. Ne vous flattez pas d'enseigner un grand nombre de choses. Excitez seulement la curiosité. Contents d'ouvrir les esprits, ne les surchargez point. Mettez-y l'étincelle. D'eux-mêmes, ils s'éprendront par l'endroit où ils sont inflammables.

Et si l'étincelle s'éteint, si certaines intelligences restent obscures, du moins vous ne les aurez point brûlées. Il y aura toujours des ignorants parmi nous. Il faut respecter toutes les natures et laisser à la simplicité celles qui y sont vouées. Cela est particulièrement nécessaire pour les filles qui, la plupart, font leur temps sur la terre dans des emplois où on leur demande tout autre chose que des idées générales et des connaissances techniques. Je voudrais que l'enseignement qu'on donne aux filles fût surtout une discrète et douce sollicitation.

※

SUR LE MIRACLE

Il ne faut pas dire : Le miracle n'est pas, parce qu'il n'a pas été démontré. Les orthodoxes pourraient toujours en appeler à une instruction plus complète.

La vérité, c'est que le miracle ne saurait être constaté ni aujourd'hui ni demain, parce que constater le miracle, ce sera toujours apporter une conclusion prématurée. Un instinct profond nous dit que tout ce que la nature renferme dans son sein est conforme à ses lois ou connues ou mystérieuses. Mais, quand bien même il ferait taire son pressentiment, l'homme ne pourra jamais dire : « Tel fait est au delà des frontières de la nature ». Nos explorations ne pousseront jamais jusque-là. Et, s'il est de l'essence du miracle d'échapper à la connaissance, tout dogme qui l'atteste invoque un témoin insaisissable, qui se dérobera jusqu'à la fin des siècles.

Le miracle est une conception enfantine qui ne peut subsister dès que l'esprit commence à se faire une représentation systématique de la nature. La sagesse grecque n'en supportait point l'idée. Hippocrate disait, en parlant de l'épilepsie : « Ce mal est nommé divin ; mais toutes les maladies sont divines et viennent également des dieux ». Il parlait en philosophe naturaliste. La raison humaine est moins ferme aujourd'hui. Ce qui me fâche surtout, c'est qu'on dise: « Nous ne croyons pas aux miracles, parce que aucun n'est prouvé. »

Étant à Lourdes, au mois d'août, je visitai la grotte où d'innombrables béquilles étaient suspendues, en signe de guérison. Mon compagnon me montra du doigt ces trophées d'infirmerie et murmura à mon oreille :

— Une seule jambe de bois en dirait bien davantage.

C'est une parole de bon sens; mais philosophiquement la jambe de bois n'aurait pas plus de valeur qu'une béquille. Si un observateur d'un esprit vraiment scientifique était appelé à constater que la jambe coupée d'un homme s'est reconstituée subitement dans une piscine ou ailleurs, il ne dirait point : « Voilà un miracle ! » Il dirait : « Une observation jusqu'à présent unique tend à faire croire qu'en des circonstances encore indéterminées les tissus d'une jambe humaine ont la propriété de se reconstituer comme les pinces des homards, les pattes des écrevisses et la queue des lézards, mais beaucoup plus rapidement. C'est là un fait de nature en contradiction apparente avec plusieurs autres faits de nature. Cette contradiction résulte de notre ignorance, et nous voyons clairement que la physiologie des animaux est à refaire, ou, pour mieux dire, qu'elle n'a jamais été faite. Il n'y a guère plus de deux cents ans que nous avons une idée de la circulation du sang. Il y a un siècle à peine que nous savons ce que c'est que de respirer. »

Il y aurait, j'en conviens, quelque fermeté à parler de la sorte. Mais le savant ne doit s'étonner de rien. Disons que, d'ailleurs, aucun d'eux n'a jamais été mis à pareille épreuve et que rien ne fait craindre un prodige de ce genre. Les guérisons miraculeuses que les médecins ont pu constater s'accordent toutes très bien avec la physiologie. Jusqu'ici les sépultures des saints, les fontaines et les grottes sacrées n'ont jamais agi que sur des malades atteints d'affections ou curables ou susceptibles de rémission instantanée. Mais vit-on un mort ressusciter, le miracle ne serait prouvé que si nous savions ce que c'est que la vie et que la mort, et nous ne le saurons jamais.

On nous définit le miracle : une dérogation aux lois de la nature. Nous ne les connaissons pas ; comment saurions-nous qu'un fait y déroge ?

— Mais nous connaissons quelques-unes de ces lois ?

— Oui, nous avons surpris quelque rapport des choses. Mais, ne saisissant pas toutes les lois naturelles, nous n'en saisissons aucune, puisqu'elles s'enchaînent.

— Encore pourrions-nous constater le miracle dans ces séries de rapports que nous avons surpris.

— Nous ne le pourrions pas avec une certitude philosophique. D'ailleurs, c'est précisément les séries qui nous apparaissent comme les plus fixes et les mieux déterminées que le miracle interrompt le moins. Le miracle n'entreprend rien, par exemple, contre la mécanique céleste. Il ne s'exerce point sur le cours des astres et jamais il n'avance ni ne retarde une éclipse calculée. Il se joue volontiers, au contraire, dans les ténèbres de la pathologie interne et se plaît surtout aux maladies nerveuses. Mais ne mêlons point une question de fait à la question de principe. En principe, le savant est inhabile à constater un fait surnaturel. Cette constatation suppose une connaissance totale et absolue de la nature qu'il n'a point et n'aura jamais, et que personne n'eut au monde. C'est parce que je n'en croirais pas nos plus habiles oculistes sur la guérison miraculeuse d'un aveugle, qu'à plus forte raison je n'en crois pas non plus saint Mathieu et saint Marc qui n'étaient pas oculistes. Le miracle est par définition méconnaissable et inconnaissable.

Les savants ne peuvent en aucun cas attester qu'un fait est en contradiction avec l'ordre universel, c'est-à-dire avec l'inconnu divin. Dieu même ne le pourrait qu'en établissant une pitoyable distinction entre les manifestations générales et les manifestations particulières de son activité, en reconnaissant qu'il fait de temps en temps des retouches timides à son œuvre, et en laissant échapper cet aveu humiliant que la lourde machine qu'il a montée a besoin à toute heure, pour marcher cahin-caha, d'un coup de main du fabricant.

La science est habile, au contraire, à ramener aux données de la science positive des faits qui semblaient s'en écarter. Elle réussit parfois très heureusement à expliquer par des causes physiques certains phénomènes qui passèrent longtemps pour merveilleux. Des guérisons de la moelle furent constatées sur le tombeau du diacre Paris et dans d'autres lieux saints. Ces guérisons n'étonnent plus depuis qu'on sait que l'hystérie simule parfois les lésions de la moelle épinière.

Qu'une étoile nouvelle ait apparu à ces personnages mystérieux que l'Évangile appelle les Mages (je suppose le fait historiquement établi), c'était, certes, un miracle pour les astrologues du moyen âge, qui croyaient que le firmament, cloué d'étoiles, n'était sujet à aucune vicissitude. Mais, réelle ou fictive, l'étoile des Mages n'est plus miraculeuse pour nous qui savons que le ciel est incessamment agité par la naissance et par la mort des univers, et qui avons vu, en

1866, une étoile s'allumer tout à coup dans la Couronne boréale, briller pendant un mois, puis s'éteindre.

Cette étoile n'annonçait point le Messie ; elle attestait seulement qu'à une distance infinie de nous une conflagration effroyable dévorait un monde en quelques jours, ou plutôt l'avait autrefois dévoré, car le rayon qui nous apportait la nouvelle de ce désastre céleste était en chemin depuis cinq siècles, et peut-être depuis plus longtemps.

On connaît le miracle de Bolsène, immortalisé par une des *Stanze* de Raphaël. Un prêtre incrédule célébrait la messe ; l'hostie, quand il la brisa pour la communion, parut couverte de sang. Les Académies, il y a seulement dix ans, eussent été fort embarrassées d'expliquer un fait si étrange. On n'est même pas tenté de le nier depuis la découverte d'un champignon microscopique dont les colonies, établies dans la farine ou dans la pâte, ont l'aspect du sang coagulé. Le savant qui l'a trouvé, pensant avec raison que c'étaient là les taches rouges de l'hostie de Bolsène, appela le champignon *micrococcus prodigiosus*.

Il y aura toujours un champignon, une étoile ou une maladie que la science humaine ne connaîtra pas, et c'est pour cela qu'elle devra toujours, au nom de l'éternelle ignorance, nier tout miracle et dire des plus grandes merveilles, comme de l'hostie de Bolsène, comme de l'étoile des Mages, comme du paralytique guéri : Ou cela n'est pas, ou cela est, et, si cela est, cela est dans la nature et par conséquent naturel.

*
* *

CHATEAUX DE CARTES

Ce qui rend défiant en matière d'esthétique, c'est que tout se démontre par le raisonnement. Zénon d'Elée a démontré que la flèche qui vole est immobile. On pourrait aussi démontrer le contraire, bien qu'à vrai dire ce soit plus malaisé. Car le raisonnement s'étonne devant l'évidence, et l'on peut dire que tout se démontre, hors ce que nous sentons véritable. Une argumentation suivie sur un sujet complexe ne prouvera jamais que l'habileté de l'esprit qui l'a conduite. Il faut bien que les hommes aient quelque soupçon de cette grande vérité, puisqu'ils ne se gouvernent jamais par le raisonnement. L'instinct et le sentiment les mènent. Ils obéissent à leurs passions, à l'amour, à la haine et surtout à la peur salutaire. Ils préfèrent les religions aux philosophies et ne raisonnent que pour se justifier de leurs mauvais penchants et de leurs méchantes actions, ce qui est risible, mais pardonnable. Les opérations les plus instinctives sont généralement celles où ils réussissent le mieux, et la nature a fondé sur celles-là seules la conservation de la vie et la perpétuité de l'espèce. Les systèmes philosophiques ont réussi en raison du génie de leurs auteurs, sans qu'on ait jamais pu reconnaître en l'un d'eux des caractères de vérité qui le fissent prévaloir. En morale, toutes les opinions ont été soutenues, et si plusieurs semblent s'accorder, c'est que les moralistes eurent souci, pour la plupart, de ne pas se brouiller avec le sentiment vulgaire et l'instinct commun. La raison pure, s'ils n'avaient écouté qu'elle, les eût conduits par divers chemins aux conclusions les plus monstrueuses, comme il se voit en certaines sectes religieuses et en certaines hérésies dont les auteurs, exaltés par la solitude, ont méprisé le consentement irréfléchi des hommes. Il semble qu'elle raisonnât très bien, cette docte caïnite qui, jugeant la création mauvaise, enseignait aux fidèles à offenser les lois physiques et morales du monde, sur l'exemple des criminels et préférablement à l'imitation de Caïn et de Judas. Elle raisonnait bien, pourtant sa morale était abominable. Cette vérité sainte et salutaire se trouve au fond de toutes les religions, qu'il est pour l'homme un guide plus sûr que le raisonnement et qu'il faut écouter le cœur.

En esthétique, c'est-à-dire dans les nuages, on peut argumenter plus et mieux qu'en aucun autre sujet. C'est en cet endroit qu'il faut être méfiant. C'est là qu'il faut tout craindre : l'indifférence comme la partialité, la froideur comme la passion, le savoir comme l'ignorance, l'art, l'esprit, la subtilité et l'innocence plus dangereuse que la ruse. En matière d'esthétique, tu redouteras les sophismes, surtout quand ils seront beaux, et il s'en trouve d'admirables. Tu n'en croiras pas même l'esprit mathématique, si parfait, si sublime, mais d'une telle délicatesse que cette machine ne peut travailler que dans le vide et qu'un grain de sable dans les rouages suffit à les fausser. On frémit en songeant jusqu'où ce grain de sable peut entraîner une cervelle mathématique. Pensez à Pascal.

L'esthétique ne repose sur rien de solide. C'est un château en l'air. On l'appuie sur l'éthique. Mais il n'y a pas d'éthique. Il n'y a pas de sociologie. Il n'y a pas non plus de biologie. L'achèvement des sciences n'a jamais existé que dans la tête de M. Auguste Comte, dont l'œuvre est une prophétie. Quand la biologie sera constituée, c'est-à-dire dans quelques millions d'années, on pourra peut-être construire une sociologie. Ce sera l'affaire d'un grand nombre de siècles; après quoi, il sera loisible de créer sur des bases solides une science esthétique. Mais alors notre planète sera bien vieille et touchera aux termes de ses destins. Le soleil, dont les taches nous inquiètent déjà, non sans raison, ne montrera plus à la terre qu'une face d'un rouge sombre et fuligineux à demi couverte de scories opaques, et les derniers humains, retirés au fond des mines, seront moins soucieux de disserter sur l'essence du beau que de brûler dans les ténèbres leurs derniers morceaux de houille, avant de s'abîmer dans les glaces éternelles.

Pour fonder la critique, on parle de tradition et de consentement universel. Il n'y en a pas. L'opinion presque générale, il est vrai, favorise certaines œuvres. Mais c'est en vertu d'un préjugé, et nullement par choix et par l'effet d'une préférence spontanée. Les œuvres que tout le monde admire sont celles que personne n'examine. On les reçoit comme un fardeau précieux, qu'on passe à d'autres sans y regarder. Croyez-vous vraiment qu'il y ait beaucoup de liberté dans l'approbation que nous donnons aux classiques grecs, latins, et même aux classiques français? Le goût aussi qui nous porte vers tel ouvrage contemporain et nous éloigné de tel autre est-il bien libre ? N'est-il pas déterminé par beaucoup de circonstances étrangères au contenu de cet ouvrage, dont la principale est l'esprit d'imitation, si puissant chez l'homme et chez l'animal ? Cet esprit d'imitation nous est nécessaire pour vivre sans trop d'égarement ; nous le portons dans toutes nos actions et il domine notre sens esthétique. Sans lui les opinions seraient en matière d'art beaucoup plus diverses encore qu'elles ne sont. C'est par lui qu'un ouvrage qui, pour quelque raison que ce soit, a trouvé d'abord quelques suffrages, en recueille ensuite un plus grand nombre. Les premiers seuls étaient libres ; tous les autres ne font qu'obéir. Ils n'ont ni spontanéité, ni sens, ni valeur, ni caractère aucun. Et par leur nombre ils font la gloire. Tout dépend d'un très petit commencement. Aussi voit-on que les ouvrages méprisés à leur naissance ont peu de chance de plaire un jour, et qu'au contraire les ouvrages célèbres dès le début gardent longtemps leur réputation et sont estimés encore après être devenus inintelligibles. Ce qui prouve bien que l'accord est le pur effet du préjugé, c'est qu'il cesse avec lui. On en pourrait donner de nombreux exemples. Je n'en rapporterai qu'un seul. Il y a une quinzaine d'années, dans l'examen d'admission au volontariat d'un an, les examinateurs militaires donnèrent pour dictée aux candidats une page sans signature qui, citée dans divers journaux, y fut raillée avec beaucoup de verve et excita la gaieté de lecteurs très lettrés. — « Où ces militaires, demandait-on, étaient-ils allés chercher des phrases si baroques et si ridicules? » Ils les avaient prises pourtant dans un très beau livre. C'était du Michelet, et du meilleur, du Michelet du plus beau temps. Messieurs les officiers avaient tiré le texte de leur dictée de cette éclatante description de la France par laquelle le grand écrivain termine le premier volume de son *Histoire* et qui en est un des morceaux les plus estimés.

« *En latitude, les zones de la France se marquent aisément par leurs produits. Au Nord, les grasses et basses plaines de Belgique et de Flandre avec leurs champs de lin et de colza, et le houblon, leur vigne amère du nord, etc., etc.* » J'ai vu des connaisseurs rire de ce style, qu'ils croyaient celui de quelque vieux capitaine. Le plaisant qui riait le plus fort était un grand zélateur de Michelet. Cette page est admirable, mais, pour être admirée d'un consentement unanime, faut-il encore qu'elle soit signée. Il en va de même de toute page écrite de main d'homme. Par contre, ce qu'un grand nom recommande a chance d'être loué aveuglément. Victor Cousin découvrait dans Pascal des sublimités qu'on a reconnu être des fautes du copiste. Il s'extasiait par exemple sur certains « raccourcis d'abîme » qui proviennent d'une mauvaise lecture. On n'imagine pas M. Victor Cousin admirant des « raccourcis d'abîme » chez un de ses contemporains. Les rhapsodies d'un Vrain Lucas furent favorablement accueillies de l'Académie des sciences sous les noms de Pascal et de Descartes. Ossian semblait l'égal d'Homère quand on le croyait ancien. On le méprise depuis qu'on sait que c'est Mac-Pherson.

Lorsque les hommes ont des admirations communes et qu'ils en donnent chacun la raison, la concorde se change en discorde. Dans un même livre ils approuvent des choses contraires qui ne peuvent s'y trouver ensemble. Ce serait un ouvrage bien intéressant que l'histoire des variations de la critique sur une des œuvres dont l'humanité s'est le plus occupée, *Hamlet*, la *Divine Comédie* ou l'*Iliade*. L'*Iliade* nous charme aujourd'hui par un caractère barbare et primitif que nous y découvrons de bonne foi. Au xvıı° siècle, on louait Homère d'avoir observé les règles de l'épopée. « Soyez assuré, disait Boileau, que si Homère a employé le mot chien, c'est que le mot est noble en grec. » Ces idées nous semblent ridicules. Les nôtres paraîtront peut-être aussi ridicules dans deux cents ans, car enfin on ne peut mettre au rang des vérités éternelles qu'Homère est barbare et que la barbarie est admirable. Il n'est pas en matière de littérature une seule opinion qu'on ne combatte aisément par l'opinion contraire. Qui saurait terminer les disputes des joueurs de flûte ?

Faut-il donc ne faire ni esthétique ni critique ? Je ne dis pas cela. Mais il faut savoir que c'est un art et y mettre la passion et l'agrément sans lesquels il n'y a point d'art.

A Monsieur L. Bourdeau.

AUX CHAMPS-ÉLYSÉES

Je fus tout à coup emporté dans de muettes ténèbres au milieu desquelles paraissaient vaguement des formes inconnues qui me remplissaient d'horreur. Mes yeux s'accoutumant peu à peu à l'obscurité, je distinguai, au bord d'un fleuve qui roulait des eaux lourdes, l'ombre effrayante d'un homme coiffé d'un bonnet asiatique et portant une rame sur l'épaule. Je reconnus l'ingénieux Ulysse. De ses joues creuses pendait une barbe décolorée. Je l'entendis soupirer d'une voix éteinte :

« J'ai faim. Je ne vois plus clair et mon âme est comme une lourde fumée errant dans les ténèbres. Qui me fera boire du sang noir, pour qu'il me souvienne encore de mes navires peints de vermillon, de ma femme irréprochable et de ma mère? »

En entendant ce discours, je compris que j'étais transporté dans les Enfers. Je tâchai de m'y diriger de mon mieux, d'après les descriptions des poètes, et je m'acheminai vers une prairie où luisait une faible et douce lumière. Après une demi-heure de marche, je rencontrai des ombres qui, assemblées sur un champ d'asphodèles, discouraient ensemble. Il s'y trouvait des âmes de tous les temps et de tous les pays, et j'y reconnus de grands philosophes mêlés à de pauvres sauvages. Caché dans l'ombre d'un myrte, j'écoutai leur conversation. J'entendis d'abord Pyrrhon demander, avec un air de douceur, les mains sur sa bêche comme un bon jardinier :

— Qu'est-ce que l'âme?

Les ombres qui l'entouraient répondirent presque à la fois.

Le divin Platon dit avec subtilité :

— L'âme est triple. Nous avons une âme très grossière dans le ventre, une âme affectueuse dans la poitrine et une âme raisonnable dans la tête. L'âme est immortelle. Les femmes n'ont que deux âmes. Il leur manque la raisonnable.

Un père du concile de Mâcon lui répondit :

— Platon, vous parlez comme un idolâtre. Le concile de Mâcon, à la majorité des voix, accorda, en 585, une âme immortelle à la femme. D'ailleurs, la femme est un homme, puisque Jésus-Christ, né d'une vierge, est appelé dans l'Évangile le fils de l'Homme.

Aristote haussa les épaules et répondit à son maître Platon, avec une respectueuse fermeté :

— A mon compte, ô Platon, je trouve cinq âmes chez l'homme et chez les animaux : 1° la nutritive; 2° la sensitive; 3° la motrice; 4° l'appétitive; 5° la rai-

sonnable. L'âme est la forme du corps.
Elle le fait périr en périssant elle-même.

Les opinions s'opposaient les unes aux autres.

ORIGÈNE.

L'âme est matérielle et figurée.

SAINT AUGUSTIN.

L'âme est incorporelle et immortelle.

HEGEL.

L'âme est un phénomène contingent.

SCHOPENHAUER.

L'âme est une manifestation temporaire de la volonté.

UN POLYNÉSIEN.

L'âme est un souffle, et quand je me suis vu sur le point d'expirer, je me suis pincé le nez pour retenir mon âme dans mon corps. Mais je n'ai pas serré avec assez de force. Et je suis mort.

UNE FLORIDIENNE.

Moi je mourus en couches. On mit sur mes lèvres la main de mon petit enfant pour qu'il y retînt le souffle de sa mère. Mais il était trop tard, mon âme glissa entre les doigts du pauvre innocent.

DESCARTES.

J'ai établi solidement que l'âme était spirituelle. Quant à savoir ce qu'elle devient, je m'en rapporte à M. Digby, qui en a traité.

LAMETTRIE.

Où est ce M. Digby ? Qu'on nous l'amène !

MINOS.

Messieurs, je le ferai rechercher soigneusement dans tous les Enfers.

LE GRAND ALBERT.

Il y a trente arguments contre l'immortalité de l'âme et trente-six pour, soit une majorité de six arguments en faveur de l'affirmative.

BAS-DE-CUIR.

L'esprit d'un chef courageux ne meurt point, ni sa hache ni sa pipe.

LE RABBIN MAIMONIDE.

Il est écrit : « Le méchant sera détruit et il ne restera rien de lui. »

SAINT AUGUSTIN.

Tu te trompes, rabbin Maimonide. Il

est écrit : « Les maudits iront au feu éternel. »

ORIGÈNE.

Oui, Maimonide se trompe. Le méchant ne sera pas détruit, mais il sera diminué ; il deviendra tout petit et même imperceptible. C'est ce qu'il faut entendre des damnés. Et les âmes saintes s'abîment en Dieu.

JEAN SCOTT.

La mort fait rentrer les êtres en Dieu comme un son qui s'évanouit dans l'air.

BOSSUET.

Origène et Jean Scott tiennent ici des discours tous dégouttants des poisons de l'erreur. Ce qui est dit aux livres saints des tourments de l'enfer doit être entendu au sens précis et littéral. Toujours vivants et toujours mourants, immortels pour leurs peines, trop forts pour mourir, trop faibles pour supporter, les damnés gémiront éternellement sur des lits de flammes, outrés de furieuses et irrémédiables douleurs.

SAINT-AUGUSTIN.

Oui, ces vérités doivent être prises au sens littéral. C'est la vraie chair des damnés qui souffrira dans les siècles des siècles. Les enfants morts sitôt le jour ou dans le ventre de leur mère ne seront point exemptés de ces supplices. Ainsi le veut la justice divine. Si l'on a peine à croire que des corps plongés dans les flammes ne s'y consument jamais, c'est un pur effet de l'ignorance, et parce qu'on ne sait pas qu'il y a des chairs qui se conservent dans le feu. Telles sont celles du faisan. J'en fis l'expérience à Hippone, où mon cuisinier, ayant apprêté un de ces oiseaux m'en servit une moitié. Au bout de quinze jours, je redemandai l'autre moitié, qui se trouva encore bonne à manger. Par quoi il apparut que le feu l'avait conservée comme il conservera les corps des damnés.

SUMANGALA.

Tout ce que je viens d'entendre est noir des ténèbres de l'occident. La vérité est que les âmes passent dans divers corps avant de parvenir au bienheureux nirvaña qui met fin à tous les maux de l'être. Gautama traversa cinq cent cinquante incarnations avant de devenir Bouddha; il fut roi, esclave, singe, éléphant, corbeau, grenouille, platane, etc.

L'ÉCCLÉSIASTE.

Les hommes meurent comme les bêtes, et leur sort est égal. Comme l'homme meurt, les bêtes meurent aussi. Les uns et les autres respirent de même, et l'homme n'a rien de plus que la bête.

TACITE.

Ce discours est concevable dans la bouche d'un juif, façonné à la servitude. Pour moi, je parlerai en romain : L'âme des grands citoyens n'est point périssable. Voilà ce qu'il est permis de croire. Mais on offense la majesté des dieux en supposant qu'ils accordent l'immortalité aux âmes des esclaves et des affranchis.

CICÉRON.

Hélas! mon fils, tout ce qu'on dit des enfers est un tissu de mensonges. Je me demande si moi-même je suis immortel, autrement que par la mémoire de mon consulat qui durera toujours.

SOCRATE.

Pour moi, je crois à l'immortalité de l'âme. C'est un beau risque à courir, une espérance dont il faut s'enchanter soi-même.

VICTOR COUSIN.

Cher Socrate, l'immortalité de l'âme,

que j'ai démontrée avec éloquence, est principalement une nécessité morale. Car la vertu est un beau sujet de rhétorique et si l'âme n'est pas immortelle la vertu ne sera pas récompensée. Et Dieu ne serait pas Dieu s'il ne prenait pas soin de mes sujets de discours français.

SÉNÈQUE.

Sont-ce là les maximes d'un sage? Considère, philosophe des Gaules, que la récompense des bonnes actions, c'est de les avoir faites, et qu'aucun prix digne de la vertu ne se trouve hors d'elle-même.

PLATON.

Il est pourtant des peines et des récompenses divines. A la mort, l'âme du méchant va habiter le corps d'un animal inférieur, cheval, hippopotame ou femme. L'âme du sage se mêle au chœur des dieux.

PAPINIEN.

Platon prétend que dans la vie future la justice des dieux corrige la justice humaine. Il est bon, au contraire, que les individus qui furent frappés sur la terre de châtiment qu'ils ne méritaient pas et qui leur furent infligés par des magistrats sujets à l'erreur, mais réguliers et prononçant en toute compétence, continuent de subir leurs peines dans les Enfers; la justice humaine y est intéressée et ce serait l'affaiblir que de proclamer que ses arrêts peuvent être cassés par la sagesse divine.

UN ESQUIMAU.

Dieu est très bon pour les riches et très méchant pour les pauvres. C'est donc qu'il aime les riches et qu'il n'aime pas les pauvres. Et puisqu'il aime les riches il les recevra dans le paradis, et puisqu'il n'aime pas les pauvres il les mettra en enfer.

UN BOUDDHISTE CHINOIS.

Sachez que tout homme a deux âmes, l'une bonne qui se réunira à Dieu, l'autre mauvaise, qui sera tourmentée.

LE VIEILLARD DE TARENTE.

O sages, répondez à un vieillard ami des jardins : Les animaux ont-ils une âme?

DESCARTES ET MALEBRANCHE.

Non pas. Ce sont des machines.

ARISTOTE.

Ils sont des animaux et ont une âme comme nous. Cette âme est en rapport avec leurs organes.

ÉPICURE.

O Aristote, pour leur bonheur, cette âme est comme la nôtre, périssable et sujette à la mort. Chères ombres, attendez patiemment dans ces jardins le temps où vous perdrez tout à fait, avec la volonté cruelle de vivre, la vie elle-même et ses misères. Reposez-vous par avance dans la paix que rien ne trouble.

PYRRHON.

Qu'est-ce que la vie ?

CLAUDE BERNARD.

La vie, c'est la mort.

— Qu'est-ce que la mort? demanda encore Pyrrhon.

Personne ne lui répondit, et la troupe des ombres s'éloigna sans bruit comme une nuée chassée par le vent.

Je me croyais seul dans la prairie d'asphodèles, quand je reconnus Ménippe à son air de gaieté cynique.

— Comment, lui dis-je, ces morts, ô Ménippe, parlent-ils de la mort comme s'ils ne la connaissaient pas, et pourquoi se montrent-ils aussi incertains des destinées humaines que s'ils étaient encore sur la terre?

— C'est sans doute, me répondit Ménippe, qu'ils demeurent encore humains et mortels en quelque manière. Quand ils seront entrés dans l'immortalité, ils ne parleront ni ne penseront plus. Il seront semblables aux dieux.

*
* *

A Monsieur Horace de Landau.

ARTISTE ET POLYPHILE ;
OU LE LANGAGE MÉTAPHYSIQUE

ARISTE.

Bonjour, Polyphile. Quel est ce livre où vous semblez plongé tout entier ?

POLYPHILE.

C'est un manuel de philosophie, cher

Ariste, un de ces petits ouvrages qui vous mettent dans la main la sagesse universelle. Il fait le tour des systèmes à partir des vieux Éléates jusques aux derniers éclectiques, et il aboutit à M. Lachelier. J'en lus d'abord la table des matières; puis, l'ayant ouvert au milieu, ou environ, je tombai sur la phrase que voici : *L'âme possède Dieu dans la mesure où elle participe de l'absolu.*

ARISTE.

Tout donne à croire que cette pensée fait partie d'une argumentation solide. Il n'y aurait pas de bon sens à la considérer isolément.

POLYPHILE.

Aussi ne pris-je point garde à ce

qu'elle pouvait signifier. Je ne cherchai pas à découvrir ce qu'elle contenait de vérité. Je m'attachai uniquement à la forme verbale, qui n'est pas singulière, sans doute, ni étrange en aucune façon et qui n'offre à un connaisseur tel que vous rien, je pense, de précieux ou de rare. Du moins peut-on dire qu'elle est métaphysique. Et c'est à quoi je songeais quand vous êtes venu.

ARISTE.

Pouvez-vous me communiquer les réflexions que j'ai malheureusement interrompues ?

POLYPHILE.

Ce n'était qu'une rêverie. Je songeais que les métaphysiciens, quand ils se font un langage, ressemblent à des remouleurs qui passeraient, au lieu de couteaux et de ciseaux, des médailles et des monnaies à la meule, pour en effacer l'exergue, le millésime et l'effigie. Quand ils ont tant fait qu'on ne voit plus sur leurs pièces de cent sous ni Victoria, ni Guillaume, ni la République, ils disent : « Ces pièces n'ont rien d'anglais, ni d'allemand, ni de français ; nous les avons tirées hors du temps et de l'espace ; elles ne valent plus cinq francs : elles sont d'un prix inestimable, et leur cours est étendu infiniment. » Ils ont raison de parler ainsi. Par cette industrie de gagne-petit, les mots sont mis du physique au métaphysique. On voit d'abord ce qu'ils y perdent ; on ne voit pas tout de suite ce qu'ils y gagnent.

ARISTE.

Mais comment, Polyphile, découvrirez-vous à première vue ce qui assurera dans l'avenir le gain ou la perte ?

POLYPHILE.

Je reconnais, Ariste, qu'il ne serait pas décent de nous servir ici de la balance où le Lombard du Pont-au-Change pesait ses aignels et ses ducats. Observons d'abord que le remouleur spirituel a beaucoup passé à la meule les verbes *posséder* et *participer*, qui se trouvent dans la phrase du petit *Manuel*, où ils luisent tous dégagés de leur impureté première.

ARISTE.

En effet, Polyphile, on ne leur a rien laissé de contingent.

POLYPHILE.

Et l'on a poli de même le mot *absolu* qui finit la phrase. Quand vous êtes entré je faisais deux petites réflexions à l'endroit de ce mot d'*absolu*. La première est que les métaphysiciens montrèrent de tout temps une sensible préférence pour les termes négatifs comme *non-être, in-tangible, in-conscient*. Ils ne sont jamais si à l'aise que lorsqu'ils s'étendent sur l'*in-fini* et sur l'*in-défini*, ou s'attachent à *l'in-connaissable*. En trois pages de Hegel, prises au hasard, dans sa *Phénoménologie*, sur vingt-six mots, sujets de phrases considérables, j'ai trouvé dix-neuf termes négatifs pour sept termes affirmatifs, je veux dire sept termes dont le sens ne se trouvait pas détruit à l'avance par quelque préfixe d'esprit contrariant. Je ne prétends pas que la proportion se maintienne dans le reste de l'ouvrage. Je n'en sais rien. Mais cet exemple vient illustrer une remarque dont l'exactitude peut être vérifiée aisément. Tel est, autant que je l'ai su voir, l'usage des métaphysiciens ou, pour mieux dire, des « métataphysiciens », car c'est une merveille à joindre aux autres que votre science ait elle-même un nom négatif, tiré de l'ordre où furent rangés les livres d'Aristote, et que vous vous intituliez : ceux qui vont après les physiciens. J'entends bien que vous supposez que ceux-ci sont en pile et que, prendre place après, c'est monter dessus. Vous n'en avouez pas moins que vous êtes hors nature.

ARISTE.

Poursuivez une idée, de grâce, cher Polyphile. Si vous sautez sans cesse de l'une à l'autre, j'aurai peine à vous suivre.

POLYPHILE.

Je m'en tiens donc à la prédilection qui attire les distillateurs d'idées vers les termes qui expriment la négation d'une affirmation. Et cette prédilection, j'en conviens, n'a par elle-même rien de bizarre ni de fantasque. Ce n'est point chez eux dérèglement, dépravation, manie ; elle répond aux besoins naturels des âmes abstrayantes. Les *ab*, les *in*, les *non* agissent plus énergiquement encore que la meule. Ils vous effacent d'un coup les mots les plus saillants. Parfois, à vrai dire, ils vous les retournent seulement, et vous les mettent sens dessus dessous. Ou bien encore ils leur communiquent une force mystérieuse et sacrée, comme on voit dans *absolu*, qui est beaucoup plus que *solu*. **Absolutus**, c'est l'ampleur patricienne de *solutus*, et un grand témoignage de la majesté latine.

Voilà ma première remarque. La seconde est que les sages qui, comme vous, Ariste, parlent métaphysique, prennent soin d'effacer de préférence les termes dont l'effigie avait déjà perdu avant eux sa netteté originelle. Car il faut avouer qu'à nous aussi, gens du commun, il arrive de limer les mots et de les défigurer peu à peu.

En quoi nous sommes sans le savoir des métaphysiciens.

ARISTE.

Ce que vous dites là, Polyphile, est bon à retenir pour que vous ne soyez pas tenté plus tard de prétendre que les opérations métaphysiques ne sont pas naturelles à l'homme, légitimes, et en quelque sorte nécessaires. Mais poursuivez.

POLYPHILE.

J'observe, Ariste, que beaucoup d'expressions, en passant de bouche en bouche dans la suite des générations prennent du poli, et, comme on dit en terme d'art, du flou. Surtout ne pensez point, Ariste, que je blâme les métaphysiciens s'ils choisissent volontiers, pour les polir, les mots qui leur arrivent un peu frustes. De la sorte ils s'épargnent une bonne moitié de la besogne. Parfois, plus heureux encore, ils mettent la main sur des mots qui, par un long et universel usage, ont perdu, de temps immémorial, toute trace d'effigie. La phrase du petit *Manuel* en contient jusqu'à deux de cette sorte.

ARISTE.

Vous voulez parler, je suis sûr, des mots *Dieu* et *âme*.

POLYPHILE.

C'est vous qui les avez nommés, Ariste. Ces deux mots-là, frottés durant des siècles, n'ont plus trace de figure. Avant la métaphysique, ils étaient déjà parfaitement métaphysiciés. Jugez vous-même si l'abstracteur de profession peut laisser échapper ces sortes de mots, qui semblent apprêtés pour son usage, et qui le sont en effet, car les foules inconnues les ont travaillés sans conscience, il est vrai, mais avec un instinct philosophique.

Enfin, pour le cas où ils croient penser ce qui n'avait point été pensé et concevoir ce qui n'avait point été conçu, les philosophes frappent des mots. Ceux-là, certes, sortent du balancier lisses comme des jetons. Mais il a bien fallu employer à leur fabrication le vieux métal commun. Et cela, comme le reste, est à considérer.

ARISTE.

Vous venez de dire, si je vous ai bien

entendu, Polyphile, que les métaphysiciens parlent une langue composée de termes les uns empruntés au langage vulgaire dans ce qu'il a de plus abstrait, ou de plus général, ou de plus négatif, les autres créés artificiellement avec des éléments empruntés au langage vulgaire. Où voulez-vous en venir ?

POLYPHILE.

Accordez-moi d'abord, Ariste, que tous les mots du langage humain furent frappés à l'origine d'une figure matérielle et que tous représentèrent dans leur nouveauté quelque image sensible. Il n'est point de terme qui primitivement n'ait été le signe d'un objet appartenant à ce monde des formes et des couleurs, des sons et des odeurs et de toutes les illusions où les sens sont amusés impitoyablement.

C'est en nommant le chemin droit et le sentier tortueux qu'on exprima les premières idées morales. Le vocabulaire des hommes naquit sensuel et cette sensualité est si bien attachée à sa nature qu'elle se retrouve encore dans les termes auxquels le sentiment commun a prêté par la suite un vague spirituel, et jusque dans les dénominations fabriquées par l'art des métaphysiciens pour exprimer l'abstraction à sa plus haute puissance. Celles-là même n'échappent pas au matérialisme fatal du vocabulaire; elles tiennent encore par quelque racine à l'antique imagerie de la parole humaine.

ARISTE.

J'en conviens.

POLYPHILE.

Tous ces mots, ou défigurés par l'usage ou polis ou même forgés en vue de quelque construction mentale, nous pouvons nous représenter leur figure originelle. Les chimistes obtiennent des réactifs qui font paraître sur le papyrus ou sur le parchemin l'encre effacée. C'est à l'aide de ces réactifs qu'on lit les palimpsestes.

Si l'on appliquait un procédé analogue aux écrits des métaphysiciens, si l'on mettait en lumière le sens primitif et concret qui demeure invisible et présent sous le sens abstrait et nouveau, on trouverait des idées bien étranges et parfois peut-être instructives.

Essayons, si vous voulez, Ariste, de rendre la forme et la couleur, la vie première aux mots qui composent la phrase de mon petit *Manuel :*

L'âme possède Dieu dans la mesure où elle participe de l'absolu.

En cette tentative, la grammaire comparée nous portera le même secours que le réactif chimique offre aux déchiffreurs de palimpsestes. Elle nous fera voir le sens que présentait cette dizaine de mots, non point sans doute à l'origine du langage, qui se perd dans les ombres du passé, mais du moins à une époque bien antérieure à tout souvenir historique.

Ame, Dieu, mesure, posséder, participer,

peuvent être ramenés à leur signification aryenne. *Absolu* se laisse décomposer en ses éléments antiques. Or, en redonnant à ces mots leur jeune et clair visage, voici, sauf erreur, ce que nous obtenons : *Le souffle est assis sur celui qui brille, au boisseau du don qu'il reçoit en ce qui est tout délié.*

ARISTE.

Pensez-vous, Polyphile, qu'il y ait de grandes conséquences à tirer de cela ?

POLYPHILE.

Il y a du moins celle-ci que les métaphysiciens construisent leurs systèmes avec les débris méconnaissables des signes par lesquels les sauvages exprimaient leurs joies, leurs désirs et leurs craintes.

ARISTE.

Ils subissent en cela les conditions nécessaires du langage.

POLYPHILE.

Sans chercher si cette fatalité commune est pour eux un sujet d'humiliation ou d'orgueil, je songe aux aventures extraordinaires par lesquelles les termes qu'ils emploient ont passé du particulier au général, du concret à l'abstrait; comment, par exemple, *âme* qui était le souffle chaud du corps a changé d'essence au point qu'on peut dire : « Cet animal n'a point d'âme. » Ce qui signifie proprement : « Celui-ci qui souffle n'a pas de souffle »; et comment encore le même nom a été donné successivement à un météore, à un fétiche, à une idole et à la cause première des choses. Ce sont là, pour de pauvres syllabes, des fortunes merveilleuses qui m'effraient.

En les rapportant avec exactitude, on travaillerait à l'histoire naturelle des idées métaphysiques. Il faudrait suivre les modifications successives qu'a subies le sens de mots tels qu'*âme* ou *esprit* et découvrir comment peu à peu se sont formées les significations actuelles. On jetterait ainsi une lumière terrible sur l'espèce de réalité que ces mots expriment.

ARISTE.

Vous parlez, Polyphile, comme si les idées qu'on attache à un mot, dépendantes de ce mot, naissaient, changeaient et mouraient avec lui ; et parce qu'un nom, comme *Dieu*, *âme* ou *esprit* a été successivement le signe de plusieurs idées dissemblables entre elles, vous croyez saisir dans l'histoire de ce nom la vie et la mort de ces idées. Enfin, vous rendez la pensée métaphysique sujette de son langage et soumise à toutes les infirmités héréditaires des termes qu'elle emploie. Cette entreprise est si insensée que vous n'avez osé l'avouer qu'à mots couverts et avec inquiétude.

POLYPHILE.

Mon inquiétude est seulement de savoir jusqu'où n'iront point les difficultés que je soulève. Tout mot est l'image d'une image, le signe d'une illusion. Pas autre chose. Et si je connais que c'est avec les restes effacés et dénaturés d'images antiques et d'illusions grossières, qu'on représente l'abstrait, aussitôt l'abstrait cesse de m'être représenté, je ne vois plus que des cendres de concret et, au lieu d'une idée pure, les poussières subtiles des fétiches, des amulettes et des idoles qu'on a broyés.

ARISTE.

Mais ne disiez-vous pas tout à l'heure que le langage métaphysique était tout entier poli et comme passé à la meule ? Et qu'entendiez-vous par là, sinon que les termes y sont dépouillés et abstraits ? Et cette meule dont vous parliez, qu'est-elle, sinon la définition qu'on leur donne ? Vous oubliez à présent que, dans l'exposé de toute doctrine métaphysique les termes sont exactement définis, et que, abstraits par définition, ils ne gardent rien du concret qu'ils tenaient d'une acception antérieure.

POLYPHILE.

Oui, vous définissez les mots par d'autres mots. En sont-ils moins des mots humains, c'est-à-dire de vieux cris de désir ou d'épouvante, jetés par des malheureux devant les ombres et les lumières qui leur cachaient le monde. Comme nos pauvres ancêtres des forêts et des cavernes, nous sommes enfermés dans nos sens qui nous bornent l'univers. Nous croyons que nos yeux nous le découvrent, et c'est un reflet de nous-mêmes qu'ils nous renvoient. Et nous n'avons encore pour exprimer les émotions de notre ignorance que la voix du sauvage, ses bégaiements un peu mieux articulés et ses hurlements adoucis. Ariste, voilà tout le langage humain.

ARISTE.

Si vous le méprisez chez le philosophe, méprisez-le donc dans le reste des hommes. Ceux qui traitent des sciences exactes emploient de même un vocabulaire qui commença de se former dans les premiers balbutiements des hommes, et qui pourtant ne manque pas d'exactitude. Et les mathématiciens qui, comme nous, spéculent sur des abstractions, parlent une langue qui pourrait, comme la nôtre, être ramenée au concret, puisque c'est une langue humaine. Vous auriez beau jeu, Polyphile, s'il vous plaisait de matérialiser un axiome de géométrie ou une formule algébrique. Mais vous ne détruirez pas pour cela l'idéal qui y est. Vous montreriez, au contraire, en l'ôtant, qu'il y avait été mis.

POLYPHILE.

Sans doute. Mais ni le physicien, ni le géomètre ne se trouvent dans le cas du métaphysicien. Dans les sciences physiques et dans les sciences mathématiques, l'exactitude du vocabulaire dépend uniquement des rapports du nom avec l'objet ou le phénomène qu'il désigne. C'est là une mesure qui ne trompe pas. Et comme le nom et la chose sont pareillement sensibles, nous approprions sûrement l'un à l'autre. Ici le sens étymologique, la valeur intime du terme n'est d'aucune importance. La signification du mot est déterminée trop exactement par l'objet sensible qu'il représente pour que toute autre exactitude ne soit pas superflue. Qui songerait à rendre plus précises les idées que nous procurent les termes *acide* et *base*, dans l'acception que leur donne le chimiste? C'est pourquoi l'on n'aurait pas le sens commun à rechercher l'histoire des dénominations qui entrent dans la terminologie des sciences. Un mot de chimie, une fois installé dans le formulaire, n'a pas à nous révéler les aventures qui lui arrivèrent du temps de sa folle jeunesse, quand il courait les bois et les montagnes. Il ne s'amuse plus. Son objet et lui peuvent être embrassés du même regard et sans cesse confrontés. Vous me parlez aussi du géomètre. Le géomètre spécule sur des abstractions, sans doute. Mais, bien différentes des abstractions métaphysiques, celles de la mathématique sont extraites des propriétés sensibles et mesurables des corps; elles constituent une philosophie physique. Il en résulte que les vérités mathématiques, bien qu'intangibles par elles-mêmes, peuvent être comparées sans cesse à la nature qui, sans jamais les dégager entièrement, laisse paraître qu'elles sont toutes en elles. Leur expression n'est pas dans le langage; elle est dans la nature des choses ; elle est précisément dans les catégories du nombre et de l'espace sous lesquelles la nature se manifeste à l'homme. Aussi le langage de la mathématique n'a-t-il besoin, pour être excellent, que d'être soumis à des conventions stables. Si chaque terme concret y désigne une abstraction, cette abstraction a dans la nature sa représentation concrète. C'est, si vous voulez, une figure grossière, une sorte d'épaisse et de rude caricature ; ce n'en est pas moins une image sensible. Le mot s'applique directement à elle, parce qu'il est dans son plan, et, de là, il se transporte sans difficulté sur l'idée purement intelligible qui correspond à l'idée sensible. Il n'en va pas de même de la métaphysique où l'abstraction est non plus le résultat visible de l'expérience, comme dans la physique, non plus l'effet d'une spéculation sur la nature sensible, comme dans la mathématique, mais uniquement le produit d'une opération de l'esprit qui tire d'une chose certaines qualités pour lui seul intelligibles et concevables, dont on sait seulement qu'il a l'idée qu'il ne fait connaître que par le discours qu'il en tient, qui, par conséquent, n'ont d'autre caution que la parole. Si ces abstractions existent véritablement et par elles-mêmes, elles résident dans un lieu accessible à la seule intelligence, elles habitent un monde que vous appelez l'absolu par opposition à celui-ci, dont je dirai seulement qu'à votre sens, il n'est pas absolu. Et si ces deux mondes sont l'un dans l'autre, c'est leur affaire et non la mienne. Il me suffit de connaître que l'un est sensible et que l'autre ne l'est pas ; que le sensible n'est pas intelligible et que l'intelligible n'est pas sensible. Dès lors, le mot et la chose ne peuvent s'appliquer l'un à l'autre, n'étant pas dans le même lieu ; ils ne sauraient se connaître l'un l'autre, puisqu'ils ne sont pas dans le même monde. Métaphysiquement, ou le mot est toute la chose, ou il ne sait rien de la chose.

Pour qu'il en fût autrement il faudrait qu'il y eût des mots absolument abstraits de tout sensualisme ; et il n'y en a pas. Les mots qu'on dit abstraits ne le sont que par destination. Ils jouent le rôle de l'abstrait, comme un comédien réprésente le fantôme, dans *Hamlet*.

ARISTE.

Vous mettez des difficultés où il n'y en eut jamais. A mesure que l'esprit a abstrait ou, si vous voulez, décomposé, et, comme vous disiez tout à l'heure, distillé la nature pour en tirer l'essence, il a de même abstrait, décomposé, distillé des mots, afin de représenter le produit de ses opérations transcendantes. D'où il résulte que le signe est exactement appliqué à l'objet.

POLYPHILE.

Mais, Ariste, je vous ai assez fait voir, et sous divers aspects, que l'abstrait dans les mots n'est qu'un moindre concret. Le concret, aminci et exténué, est encore le concret. Il ne faut pas tomber dans le travers de ces femmes qui, parce qu'elles sont maigres, veulent passer pour de purs esprits. Vous imitez les enfants qui d'une branche de sureau ne gardent que la moelle pour en faire des marmousets. Ces marmousets sont légers, mais ce sont des marmousets de sureau. De même, vos termes qu'on dit abstraits, sont seulement devenus moins concrets. Et si vous les tenez pour absolument abstraits et tout tirés hors de leur propre et véritable nature, c'est pure convention. Mais, si les idées que représentent ces mots ne sont pas, elles, des conventions pures ; si elles sont réalisées autre part qu'en vous-même, si elles existent dans l'absolu, ou en tout autre imaginaire lieu qu'il vous plaira désigner, si elles « sont » enfin, elles ne peuvent être énoncées, elles demeurent ineffables. Les dire, c'est les nier; les exprimer, c'est les détruire. Car, le mot concret étant le signe de l'idée abstraite, celle-ci, aussitôt signifiée, devient concrète, et voilà toute la quintessence perdue.

ARISTE.

Mais si je vous dis que, pour l'idée comme pour le mot, l'abstrait n'est qu'un moindre concret, votre raisonnement tombe par terre.

POLYPHILE.

Vous ne direz pas cela. Ce serait ruiner toute la métaphysique et faire trop de tort à l'âme, à Dieu et subséquemment à ses professeurs. Je sais bien que Hegel a dit que le concret était l'abstrait et que l'abstrait était le concret. Mais aussi cet homme pensif a mis votre science à l'envers. Vous conviendrez, Ariste, ne fût-ce que pour rester dans les règles du jeu, que l'abstrait est opposé au concret. Or, le mot concret ne peut être le signe de l'idée abstraite. Il n'en saurait être que le symbole, et, pour mieux dire, l'allégorie. Le signe marque l'objet et le rappelle. Il n'a pas de valeur propre. Le symbole tient lieu de l'objet. Il ne le montre pas, il le représente. Il ne le rappelle pas, il l'imite. Il est une figure. Il a par lui-même une réalité et une signification.

Aussi étais-je dans la vérité en recherchant les sens contenus dans les mots *âme, Dieu, absolu*, qui sont des symboles et non pas des signes.

« *L'âme possède Dieu dans la mesure où elle participe de l'absolu.* »

Qu'est-ce que cela, sinon un assemblage de petits symboles qu'on a beaucoup effacés, j'en conviens, qui ont perdu leur brillant et leur pittoresque, mais qui demeurent encore des symboles par force de nature ? L'image y est réduite au schéma. Mais le schéma c'est l'image encore. Et j'ai pu, sans infidélité, substituer celle-ci à l'autre. C'est ainsi que j'ai obtenu :

« *Le souffle est assis sur celui qui brille au boisseau du don qu'il reçoit en ce qui est* *tout délié (* ou *subtil)* », d'où nous tirons sans peine : « *Celui dont le souffle est un signe de vie, l'homme, prendra place* (sans doute après que le souffle sera exhalé) *dans le feu divin, source et foyer de la vie, et cette place lui sera mesurée sur la vertu qui lui a été donnée* (par les démons, j'imagine) *d'étendre ce souffle chaud, cette petite âme invisible, à travers l'espace libre* (le bleu du ciel, probablement). »

Et remarquez que cela vous a l'air d'un fragment d'hymne védique, que cela sent la vieille mythologie orientale. Je ne réponds pas d'avoir rétabli ce mythe primitif dans toute la rigueur des lois qui régissent le langage. Peu importe. Il suffit qu'on voie que nous avons trouvé des symboles et un mythe dans une phrase qui était essentiellement symbolique et mythique, puisqu'elle était métaphysique.

Je crois vous l'avoir assez fait sentir, Ariste : toute expression d'une idée abstraite ne saurait être qu'une allégorie. Par un sort bizarre, ces métaphysiciens, qui croient échapper au monde des apparences, sont contraints de vivre perpétuellement dans l'allégorie. Poètes tristes, ils décolorent les fables antiques, et ils ne sont que des assembleurs de fables. Ils font de la mythologie blanche.

ARISTE.

Adieu, cher Polyphile. Je sors non persuadé. Si vous aviez raisonné dans les règles, il m'aurait été facile de réfuter vos arguments.

* *

A Teodor de Wyzewa.

LE PRIEURÉ

Je trouvai mon ami Jean dans le vieux prieuré dont il habite les ruines depuis dix ans. Il me reçut avec la joie tranquille d'un ermite délivré de nos craintes et de nos espérances et me fit descendre au verger inculte où, chaque matin, il fume sa pipe de terre entre ses pruniers couverts de mousse. Là, nous nous assîmes, en attendant le déjeuner, sur un banc, devant une table boiteuse, au pied d'un mur écroulé où la saponaire balance les grappes rosées de ses fleurs en même temps flétries et fraîches. La lumière humide du ciel tremblait aux feuilles des peupliers qui murmuraient sur le bord du chemin. Une tristesse infinie et douce passait sur nos têtes avec des nuages d'un g. pâle.

Après m'avoir demandé, par un reste de politesse, des nouvelles de ma santé et de mes affaires, Jean me dit d'une voix lente, le front sourcilleux :

— Bien que je ne lise jamais, mon ignorance n'est pas si bien gardée qu'il ne me soit parvenu dans mon ermitage, que vous avez naguère contredit, à la deuxième page d'un journal, un prophète assez ami des hommes pour enseigner que la science et l'intelligence sont la source et la fontaine, le puits et la citerne de tous les maux dont souffrent les hommes. Ce prophète, si j'ai de bons avis, soutenait que, pour rendre la vie innocente et même aimable, il suffit de renoncer à la pensée et à la connaissance et qu'il n'est de bonheur au monde que dans une aveugle et douce charité. Sages préceptes, maximes salutaires, qu'il eut seulement le tort d'exprimer et la faiblesse de mettre en beau langage, sans s'apercevoir que combattre l'art avec art et l'esprit avec esprit, c'est se condamner à ne vaincre que pour l'esprit et pour l'art. Vous me rendrez cette justice, mon ami, que je ne suis pas tombé dans cette pitoyable contradiction et que j'ai renoncé à penser et à écrire dès que j'ai reconnu que la pensée est mauvaise et l'écriture funeste. Cette

sagesse m'est venue, vous le savez, en
1882, après la publication d'un petit
livre de philosophie qui m'avait coûté
mille peines et que les philosophes méprisèrent parce qu'il était écrit avec élégance. J'y démontrais que le monde est
inintelligible, et je me fâchai quand on
me répondit qu'en effet je ne l'avais pas
compris. Je voulus alors défendre mon
livre; mais, l'ayant relu, je ne parvins
pas à en retrouver le sens exact. Je
m'aperçus que j'étais aussi obscur que
les plus grands métaphysiciens et qu'on
me faisait tort en ne m'accordant pas une
part de l'admiration qu'ils inspirent.
C'est ce qui me détacha tout à fait des
spéculations transcendantes. Je me tournai vers les sciences d'observation et

j'étudiai la physiologie. Les principes en sont assez stables depuis une trentaine d'années. Ils consistent à fixer proprement une grenouille avec des épingles sur une planche de liège et à l'ouvrir pour observer les nerfs et le cœur, qui est double. Mais je reconnus tout de suite que, par cette méthode, il faudrait beaucoup plus de temps que n'en assure la vie pour découvrir le secret profond des êtres. Je sentis la vanité de la science pure, qui, n'embrassant qu'une parcelle infiniment petite des phénomènes, surprend des rapports trop peu nombreux pour former un système soutenable. Je pensai un moment me jeter dans l'industrie. Ma douceur naturelle m'arrêta. Il n'y a pas d'entreprise dont on puisse dire d'avance si elle fera plus de bien que de mal. Christophe Colomb, qui vécut et mourut comme un saint et porta l'habit du bon saint François, n'aurait pas cherché, sans doute, le chemin des Indes s'il avait prévu que sa découverte causerait le massacre de tant de peuples rouges, à la vérité vicieux et cruels, mais sensibles à la souffrance, et qu'il apporterait dans la vieille Europe, avec l'or du Nouveau-Monde, des maladies et des crimes inconnus. Je frissonnai quand de fort honnêtes gens parlèrent de m'intéresser dans des affaires de canons, de fusils et d'explosifs où ils avaient gagné de l'argent et des honneurs. Je ne doutai plus que la civilisation, comme on la nomme, ne fût une barbarie savante et je résolus de devenir un sauvage. Il ne me fut pas difficile d'exécuter ce dessein à trente lieues de Paris, dans ce petit pays qui se dépeuple tous les jours. Vous avez vu sur la rue du village des maisons en ruine. Tous les fils des paysans quittent pour la ville une terre trop morcelée, qui ne peut plus les nourrir.

On prévoit le jour où un habile homme, achetant tous ces champs, reconstituera la grande propriété, et nous verrons peut-être le petit cultivateur disparaître de la campagne, comme déjà le petit commerçant tend à disparaître des grandes villes. Il en sera ce qu'il pourra. Je n'en prends nul souci. J'ai acheté pour six mille francs les restes d'un ancien prieuré, avec un bel escalier de pierre dans une tour et ce verger que je ne cultive pas. J'y passe le temps à regarder les nuages dans le ciel ou, sur l'herbe, les fusées blanches de la carotte sauvage. Cela vaut mieux, sans doute, que d'ouvrir des grenouilles ou que de créer un nouveau type de torpilleur.

» Quand la nuit est belle, si je ne dors pas, je regarde les étoiles, qui me font plaisir à voir depuis que j'ai oublié leurs noms. Je ne reçois personne, je ne pense à rien. Je n'ai pris soin ni de vous attirer dans ma retraite ni de vous en écarter.

» Je suis heureux de vous offrir une omelette, du vin et du tabac. Mais je ne vous cache pas qu'il m'est encore plus agréable de donner à mon chien, à mes lapins et à mes pigeons le pain quotidien, qui répare leurs forces, dont ils ne se serviront pas mal à propos pour écrire des romans qui troublent les cœurs ou des traités de physiologie qui empoisonnent l'existence.

A ce moment, une belle fille, aux joues rouges, avec des yeux d'un bleu pâle, apporta des œufs et une bouteille de vin gris. Je demandai à mon ami Jean s'il haïssait les arts et les lettres à l'égal des sciences.

— Non pas, me dit-il : il y a dans les arts une puérilité qui désarme la haine. Ce sont des jeux d'enfants. Les peintres, les sculpteurs barbouillent des images et font des poupées. Voilà tout ! Il n'y aurait pas grand mal à cela. Il faudrait même savoir gré aux poètes de

n'employer les mots qu'après les avoir
dépouillés de toute signification si les
malheureux qui se livrent à cet amuse-
ment ne le prenaient point au sérieux
et s'ils n'y devenaient point odieusement
égoïstes, irritables, jaloux, envieux, ma-
niaques et déments. Ils attachent à ces
niaiseries des idées de gloire. Ce qui
prouve leur délire. Car de toutes les illusions qui peuvent naître dans un cerveau
malade, la gloire est bien la plus ridicule et
la plus funeste. C'est ce qui me fait pitié.
Ici, les laboureurs chantent dans le sillon
les chansons des aïeux; les bergers,
assis au penchant des collines, taillent
avec leur couteau des figures dans des
racines de buis, et les ménagères pétris-
sent, pour les fêtes religieuses, des pains

en forme de colombes. Ce sont là des arts innocents, que l'orgueil n'empoisonne pas. Ils sont faciles et proportionnés à la faiblesse humaine. Au contraire, les arts des villes exigent un effort, et tout effort produit la souffrance.

» Mais ce qui afflige, enlaidit et déforme excessivement les hommes, c'est la science, qui les met en rapport avec des objets auxquels ils sont disproportionnés et altère les conditions véritables de leur commerce avec la nature. Elle les excite à comprendre, quand il est évident qu'un animal est fait pour sentir et ne pas comprendre; elle développe le cerveau, qui est un organe inutile aux dépens des organes utiles, que nous avons en commun avec les bêtes; elle nous détourne de la jouissance, dont nous sentons le besoin instinctif; elle nous tourmente par d'affreuses illusions, en nous représentant des monstres qui n'existent que par elle; elle crée notre petitesse en mesurant les astres, la brièveté de la vie en évaluant l'âge de la terre, notre infirmité en nous faisant soupçonner ce que nous ne pouvons ni voir ni atteindre, notre ignorance en nous cognant sans cesse à l'inconnaissable et notre misère en multipliant nos curiosités sans les satisfaire.

» Je ne parle que de ses spéculations pures. Quand elle passe à l'application, elle n'invente que des appareils de torture et des machines dans lesquelles les malheureux humains sont suppliciés. Visitez quelque cité industrielle ou descendez dans une mine, et dites si ce que vous voyez ne passe pas tout ce que les théologiens les plus féroces ont imaginé de l'enfer. Pourtant, on doute, à la réflexion, si les produits de l'industrie ne sont pas moins nuisibles aux pauvres qui les fabriquent qu'aux riches qui s'en servent et si, de tous les maux de la vie, le luxe n'est point le pire. J'ai connu des êtres de toutes les conditions : je n'en ai point rencontré de si misérables qu'une femme du monde, jeune et jolie, qui dépense, à Paris, chaque année, cinquante mille francs pour ses robes. C'est un état qui conduit à la névrose incurable.

La belle fille aux yeux clairs nous versa le café avec un air de stupidité heureuse.

Mon ami Jean me la désigna du bout de sa pipe qu'il venait de bourrer :

— Voyez, me dit-il, cette fille qui ne mange que du lard et du pain et qui portait, hier, au bout d'une fourche les bottes de paille dont elle a encore des brins dans les cheveux. Elle est heureuse et, quoi qu'elle fasse, innocente. Car c'est la science et la civilisation qui ont créé le mal moral avec le mal physique. Je suis presque aussi heureux qu'elle, étant presque aussi stupide. Ne pensant à rien, je ne me tourmente plus. N'agissant pas, je ne crains pas de mal faire. Je ne cultive pas même mon jardin, de peur d'accomplir un acte dont je ne pourrais pas calculer les conséquences. De la sorte, je suis parfaitement tranquille.

— A votre place, lui dis-je, je n'aurai pas cette quiétude. Vous n'avez pas supprimé assez complètement en vous la connaissance, la pensée et l'action pour goûter une paix légitime. Prenez-y garde : Quoi qu'on fasse, vivre, c'est agir. Les suites d'une découverte scientifique ou d'une invention vous effraient parce qu'elles sont incalculables. Mais la pensée la plus simple, l'acte le plus instinctif a aussi des conséquences incalculables. Vous faites bien de l'honneur à l'intelligence, à la science et à l'industrie en croyant qu'elles tissent seules de leurs mains le filet des destinées. Les forces inconscientes en ferment aussi plus d'une maille. Peut-on prévoir l'effet d'un petit caillou qui tombe d'une montagne? Cet effet peut être plus considérable pour le sort de l'humanité que la publication du *Novum Organum* ou que la découverte de l'électricité.

» Ce n'était un acte ni bien original, ni bien réfléchi, ni, à coup sûr, d'ordre scientifique que celui auquel Alexandre ou Napoléon dut de naître. Toutefois des millions de destinées en furent traversées. Sait-on jamais la valeur et le véritable sens de ce que l'on fait? Il y a dans *les Mille et une Nuits* un conte auquel je ne puis me défendre d'attacher une signification philosophique. C'est l'histoire de ce marchand arabe qui, au retour d'un pèlerinage à la Mecque, s'assied au bord d'une fontaine pour manger des dattes, dont il jette les noyaux en l'air. Un de ces noyaux tue le fils invisible d'un Génie.

Le pauvre homme ne croyait pas tant faire avec un noyau, et, quand on l'instruisit de son crime, il en demeura stupide. Il n'avait pas assez médité sur les conséquences possibles de toute action. Savons-nous jamais si, quand nous levons les bras, nous ne frappons pas, comme fit ce marchand, un génie de l'air? A votre place je ne serais pas tranquille. Qui vous dit, mon ami, que votre repos dans ce prieuré couvert de lierre et de saxifrages n'est pas un acte d'une importance plus grande pour l'humanité que les découvertes de tous les savants, et d'un effet véritablement désastreux dans l'avenir?

— Ce n'est pas probable.

— Ce n'est pas impossible. Vous menez une vie singulière. Vous tenez des propos étranges qui peuvent être recueillis et publiés. Il n'en faudrait pas plus, dans certaines circonstances, pour devenir, malgré vous, et même à votre insu, le fondateur d'une religion qui serait embrassée par des millions d'hommes, qu'elle rendrait malheureux et méchants et qui massacreraient en votre nom des milliers d'autres hommes.

— Il faudrait donc mourir pour être innocent et tranquille ?

— Prenez-y garde encore : mourir, c'est accomplir un acte d'une portée incalculable.

FIN

www.ingramcontent.com/pod-product-compliance
Lightning Source LLC
Chambersburg PA
CBHW071606170426
43196CB00033B/1884